日蓮大聖人御書
要文選集
新版

創価学会教学部編

創価学会

凡例

本書は、御書の要文と、その通解を付けた『要文選集（通解付）』（聖教新聞社刊）の改訂版です。『日蓮大聖人御書全集 新版』に表記を合わせるとともに、新版に新たに収録された御文から数編を追加するなど、一部、収録御文の見直しも行いました。通解についても、近年の研究を踏まえて加筆・修正したものがあります。

〈引用について〉

一、御書本文は『日蓮大聖人御書全集 新版』に基づきました。
一、要文は各項目に分類し、分類の仕方、配列は『要文選集（通解付）』（聖教新聞社刊）に準じつつ、改訂を加えました。

〈表記について〉

一、各要文の末尾に付した出典御書の題号、別名、ページ数については、次のように記しました。

表記例

――四条金吾殿御返事（法華経兵法の事）、新1623・全1192

題号　別名　新版ページ数　全集ページ数

※「全集」は、『日蓮大聖人御書全集』（創価学会版、第二七八刷）を指します。

目　次

第四章　仏法と社会……311

御書索引

第一章　信心の基本

□妙法《みょうほう》の偉大《いだい》さ

蒼蠅《そうよう》、驥尾《きび》に附《ふ》して万里《ばんり》を渡《わた》り、碧蘿《へきら》、松頭《しょうとう》に懸《か》かって千尋《せんじん》を延《の》ぶ。

——立正安国論、新36・全26

青バエは名馬の尾《お》に付《つ》いて万里《ばんり》を渡《わた》り、緑のつる草は松《まつ》の枝先《えださき》に掛《か》かって千尋《せんじん》にまで伸《の》びることができる。

＊

> 一念三千《いちねんさんぜん》の法門《ほうもん》は、ただ法華経《ほけきょう》の本門寿量品《ほんもんじゅりょうほん》の文《もん》の底《そこ》にしず《沈》めたり。竜樹《りゅうじゅ》・天親《てんじん》、知《し》ってしかもいまだひろ《拾》いいだ《出》さず。ただ我《わ》が天台智者《てんだいちしゃ》のみ、これをいだ《懐》けり。
>
> ——開目抄、新54・全189

この一念三千《いちねんさんぜん》の法門《ほうもん》は、ただ法華経の本門寿量品《ほんもんじゅりょうほん》の文の底《そこ》に沈《しず》められているのである。（正法《しょうほう》時代の）竜樹《りゅうじゅ》や天親《てんじん》は、それ（一念三千《いちねんさんぜん》の法門《ほうもん》が法華経に秘《ひ》められていること）を知っていたが、それを拾《ひろ》い出して説《と》くことはしなかった。ただ（像法《ぞうほう》時代の）わが天《てん》台智者大師《だいちしゃだいし》だけが、これを心に懐《いだ》いていたのである。

＊

釈尊《しゃくそん》の因行果徳《いんぎょうかとく》の二法《にほう》は妙法蓮華経《みょうほうれんげきょう》の五字《ごじ》に具足《ぐそく》す、我《われ》らこの五字《ごじ》を受持《じゅじ》すれば、自然《じねん》に彼《か》の因果《いんが》の功徳《くどく》を譲《ゆず》り与《あた》えたもう。

——如来滅後五五百歳始観心本尊抄、新134・全246

釈尊《しゃくそん》の因行果徳《いんぎょうかとく》の二法《にほう》は妙法蓮華経の五字に具足《ぐそく》しているので、私たちは、この妙法蓮華経の五字を受持《じゅじ》すれば、おのずと釈尊の因果《いんが》の功徳《くどく》を譲《ゆず》り与《あた》えられるのである。

＊

妙《みょう》と申《もう》すことは、開《かい》ということなり。（中略）

妙《みょう》とは具《ぐ》の義《ぎ》なり。具《ぐ》とは円満《えんまん》の義《ぎ》なり。（中略）妙《みょう》とは蘇生《そせい》の義《ぎ》なり。蘇生《そせい》と申《もう》すは、よみ《蘇》がえる義《ぎ》なり。

――法華経題目抄（妙の三義の事）、新536・全943

妙《みょう》とは、開くということである。（中略）妙《みょう》とは具《ぐ》の意味である。具とは円満《えんまん》ということである。（中略）妙《みょう》とは蘇生《そせい》の意味である。蘇生とは、よみがえるということである。

*

今《いま》、末法《まっぽう》に入《い》りぬれば、余経《よきょう》も法華経《ほけきょう》もせん《詮》なし、ただ南無妙法蓮華経《なんみょうほうれんげきょう》なるべし。こう申《もう》し出《い》だして候《そうろう》もわたくし《私》の計《はか》らいにはあらず、釈迦《しゃか》・多宝《たほう》・十方諸《じっぽうしょ》仏《ぶつ》・地涌《じゆ》千界《せんがい》の御計《おんはか》らいなり。この南無妙法蓮華経《なんみょうほうれんげきょう》に余事《よじ》をまじ《雑》えば、ゆゆしきひが《僻》事《ごと》なり。

——上野殿御返事（末法要法の事）、新1874・全1546

今、末法《まっぽう》に入ったので、余経《よきょう》も法華経も無益《むえき》であり、ただ南無妙法蓮華経だけなのである。このように言っているのも、個人的な考えからではなく、釈尊《しゃくそん》・多宝如来《たほうにょらい》・十方《じっぽう》の諸仏《しょぶつ》・地涌千界《じゆせんがい》の菩薩《ぼさつ》が考え定められたことである。

この南無妙法蓮華経に、他の修行《しゅぎょう》を交《まじ》えるならば、大変《たいへん》な間違《まちが》いである。

＊

妙法蓮華経《みょうほうれんげきょう》の五字《ごじ》は、経文《きょうもん》にあらず、その義《ぎ》にあらず、ただ一部《いちぶ》の意《い》なるのみ。初心《しょしん》の行者《ぎょうじゃ》、その心《こころ》を知《し》らざれども、しかもこれを行《ぎょう》ずるに、自然《じねん》に意《い》に当《あ》たるなり。

――四信五品抄、新269・全342

妙法蓮華経という五字は、（単《たん》なる）経文《きょうもん》ではなく、経文に即《そく》した教えでもなく、法華経全体の本意《ほんい》に他《ほか》ならない。初《はじ》めて覚《さと》りを求《もと》める心を起こした修行者《しゅぎょうしゃ》は、その本意を知らなくとも、それでもこれを実践《じっせん》すれば、自然《しぜん》とその本意に合致《がっち》するのである。

*

かくのごとく国土《こくど》乱《みだ》れて後《のち》に上行等《じょうぎょうとう》の聖人出現《しょうにんしゅつげん》し、本門《ほんもん》の三《みっ》つの法門《ほうもん》これを建立《こんりゅう》し、一四天四海一同《いちしてんしかいいちどう》に妙法蓮華経《みょうほうれんげきょう》の広宣流布《こうせんるふ》疑《うたが》いなきものか。

――法華取要抄、新159・全338

このように国土《こくど》が乱《みだ》れた後に、上行菩薩《じょうぎょうぼさつ》らの聖人《しょうにん》が出現《しゅつげん》して、本門《ほんもん》の三つの法門《ほうもん》（＝三大秘法《さんだいひほう》）を建立《こんりゅう》し、四天《してん》と四海《しかい》（＝全世界）全てに妙法蓮華経が広宣流布《こうせんるふ》することは疑《うたが》いのないことである。

*

今《いま》の法華経《ほけきょう》の文字《もんじ》は皆《みな》、生身《しょうじん》の仏《ほとけ》なり。我《われ》らは肉眼《にくげん》なれば文字《もんじ》と見《み》るなり。たとえば、餓鬼《がき》は恒河《ごうが》を火《ひ》と見《み》る。人《ひと》は水《みず》と見《み》、天人《てんにん》は甘露《かんろ》と見《み》る。水《みず》は一《いち》なれども、果報《かほう》にしたがって見《み》るところ各別《おのおのべつ》なり。この法華経《ほけきょう》の文字《もんじ》は、盲目《もうもく》の者《もの》はこれを見《み》ず。肉眼《にくげん》は黒色《こくしょく》と見《み》る。二乗《にじょう》は虚空《こくう》と見《み》、菩薩《ぼさつ》は種々《しゅじゅ》の色《しき》と見《み》、仏種《ぶっしゅ》純熟《じゅんじゅく》せる人《ひと》は仏《ほとけ》と見《み》奉《たてまつ》る。

——法蓮抄、新1426・全1050

今の法華経の文字は皆《みな》、生身《しょうじん》の仏である。我らは肉眼《にくげん》なので、ただの文字と見るのである。例《たと》えば、餓鬼《がき》は恒河《ごうが》（＝ガンジス川）を火と見る。人は水と見るし、天人《てんにん》は甘露《かんろ》と見る。水は一つであるけれども、果報《かほう》にしたがって、どのように見るかは、それぞれ別《べつ》である。

この法華経の文字は、盲目《もうもく》の者はこれを見ることができない。凡夫《ぼんぷ》の肉眼《にくげん》は墨《すみ》の黒色と見る。しかし、二乗《にじょう》は虚空《こくう》と見るし、菩薩《ぼさつ》は種々《しゅじゅ》の色と見るし、仏種《ぶっしゅ》が十分に熟《じゅく》している人は仏と見るのである。

＊

生死《しょうじ》の長夜《じょうや》を照《て》らす大灯《だいとう》、元品《がんぽん》の無明《むみょう》を切《き》る利剣《りけん》は、この法門《ほうもん》に過《す》ぎざるか。

――諸経と法華経と難易の事、新1345・全991

生死流転《しょうじるてん》の長い闇《やみ》を照《て》らす大灯明《だいとうみょう》、衆生《しゅじょう》の元品《がんぽん》の無明《むみょう》(=根本の迷い)を断《た》ち切る利剣《りけん》は、この法門《ほうもん》をおいて他《ほか》にはない。

*

この経文《きょうもん》は一切経《いっさいきょう》に勝《すぐ》れたり。地走《ちはし》る者《もの》の王《おう》たり、師子王《ししおう》のごとし。空飛《そらと》ぶ者《もの》の王《おう》たり、鷲《わし》のごとし。
——千日尼御前御返事(真実報恩経の事)、新1737・全1310

この法華経の経文《きょうもん》は、一切経《いっさいきょう》の中で最《もっと》も勝《すぐ》れている。地を走る者の王である師子《しし》王《おう》のようである。空を飛《と》ぶ者の王である鷲《わし》のようである。

*

「教《きょう》いよいよ実《じつ》なれば位《くらい》いよいよ下《ひく》し」

――四信五品抄、新265・全339

「教えが真実であればあるほど、それだけ、その教えによって救済《きゅうさい》される衆生《しゅじょう》の位《くらい》は低《ひく》くなる（機根《きこん》の低い衆生をも救《すく》うことができる）」（妙楽《みょうらく》『止観輔行伝弘決《しかんぶぎょうでんぐけつ》』）。

□御本仏《ごほんぶつ》の境涯《きょうがい》・確信《かくしん》

当世《とうせい》日本国《にほんこく》に第一《だいいち》に富《と》める者《もの》は日蓮《にちれん》なるべし。命《いのち》は法華経《ほけきょう》にたてまつり、名《な》をば後代《こうだい》に留《とど》むべし。

——開目抄、新101・全223

今の世の中で、日本国で第一に富《と》める者は、この日蓮であるにちがいない。命は法華経に差《さ》し上げており、名は後世《こうせい》に必《かなら》ず残《のこ》るのである。

*

日蓮《にちれん》といいし者《もの》は、去年《きょねん》九月《くがつ》十二日《じゅうににち》子丑時《ねうしのとき》に頸《くび》は《刎》ねられぬ。これは魂魄《こんぱく》、佐土《さどの》国《くに》にいたりて、返《かえ》る年《とし》の二月《にがつ》、雪中《せっちゅう》にしる《記》して有縁《うえん》の弟子《でし》へおく《送》れば、おそろしくておそろしからず。み《見》ん人《ひと》いかにおじ《怖》ぬらん。

――開目抄、新102・全223

日蓮と名乗っていた者は、去年（文永八年＝一二七一年）の九月十二日の深夜、子丑《ねうし》の時に首をはねられた。これは、魂魄《こんぱく》が佐渡《さど》の国に至《いた》って、年が明けて二月、雪の中で記し、縁《えん》ある弟子《でし》に送るのであるから、（ここに示《しめ》す法華経勧持品《かんじほん》に説《と》かれる三類《さんるい》の強敵《ごうてき》の難《なん》は）恐《おそ》ろしいようであるが、（真の法華経の行者《ぎょうじゃ》にとっては）恐ろしいものではない。しかし、これを分からず経文《きょうもん》を見る人は、どれほどおじけづくだろうか。

＊

詮《せん》ずるところは、天《てん》もすて《捨》給《たま》え、諸難《しょなん》にもあえ《遭》、身命《しんみょう》を期《ご》とせん。身子《しんじ》が六十《ろくじっ》劫《こう》の菩薩《ぼさつ》の行《ぎょう》を退《たい》せし、乞眼《こつげん》の婆羅門《ばらもん》の責《せ》めを堪《た》えざるゆえ。久遠《くおん》・大通《だいつう》の者《もの》の三《さん》・五《ご》の塵《じん》をふる《経》、悪知識《あくちしき》に値《あ》うゆえなり。善《ぜん》に付《つ》け悪《あく》につけ、法華経《ほけきょう》をすつ《捨》るは地獄《じごく》の業《ごう》なるべし。大願《だいがん》を立《た》てん。日本国《にほんこく》の位《くらい》をゆずらん《譲》、法華経《ほけきょう》をすてて観経等《かんぎょうとう》について後生《ごしょう》をごせ《期》よ、父母《ふぼ》の頸《くび》を刎《は》ねん、念仏申《ねんぶつもう》さずばなんどの種々《しゅじゅ》の大難出来《だいなんしゅったい》すとも、智者《ちしゃ》に我《わ》が義《ぎ》やぶられずば用《もち》いじとなり。その外《ほか》の大難《だいなん》、風《かぜ》の前《まえ》の塵《ちり》なるべし。我《われ》日本《にほん》の柱《はしら》とならん、我《われ》日本《にほん》の眼目《がんもく》とならん、我《われ》日本《にほん》の大船《たいせん》とならん等《とう》とちかい《誓》し願《ねが》いやぶる《破》べからず。

——開目抄、新114・全232

結局《けっきょく》のところは、天も私を捨《す》てるがよい、いかなる難《なん》にも遭《あ》おう、身命《しんみょう》をなげうつ覚悟《かくご》である。

舎利弗《しゃりほつ》が過去世《かこせ》に六十劫《こう》という長い間、修行《しゅぎょう》してきた菩薩行《ぼさつぎょう》を途中《とちゅう》で退転《たいてん》したのは、舎利弗の眼《まなこ》を求《もと》めたバラモンの責《せ》め苦《く》に堪《た》えられなかったからである。

五百塵点劫《じんてんごう》というはるかな昔、あるいは三千塵点劫の過去《かこ》の大通智勝仏《だいつうちしょうぶつ》の時代に、法華経の下種《げしゅ》を受けながら、退転《たいてん》して悪道《あくどう》に堕《お》ち、それぞれ、五百塵点劫や三千塵点劫という長遠《ちょうおん》の時間を経《へ》たのは、悪知識《あくちしき》にあって惑《まど》わされたからである。

善《ぜん》につけ悪《あく》につけ、法華経を捨《す》てることは地獄《じごく》に堕《お》ちる業《ごう》となる。

「私は、大願《だいがん》を立てよう。たとえ、『日本国の王の位《くらい》を譲《ゆず》るから、法華経を捨《す》てて観無量寿経《かんむりょうじゅきょう》などに付《つ》き従《したが》って、後生《ごしょう》の浄土《じょうど》への往生《おうじょう》を目指せ』と誘惑《ゆうわく》されたり、『念《ねん》仏《ぶつ》を称《とな》えなければ父母の首をはねる』と脅《おど》されるなどの種々《しゅじゅ》の大難《だいなん》が出てきても、私の正しい法義《ほうぎ》が智者《ちしゃ》に破《やぶ》られることがない限《かぎ》り、彼《かれ》らの要求《ようきゅう》を決して受け入れることはない。それ以外《いがい》の大難は、私にとっては風の前の塵《ちり》のようなもの、取るに足りないものである。私は日本の柱となろう。私は日本の眼目《がんもく》となろう。私は日本の大船《たいせん》となろう」などと誓《ちか》った大願は、決して破ることはない。

＊

日蓮《にちれん》は日本国《にほんこく》の諸人《しょにん》にしゅう《主》し《師親》父母《ふぼ》なり。

——開目抄、新121・全237

日蓮は日本国のあらゆる人にとって、主であり、師《し》であり、父母である。

＊

安州《あんしゅう》の日蓮《にちれん》は、恐《おそ》らくは、三師《さんし》に相承《そうじょう》し、法華宗《ほっけしゅう》を助《たす》けて末法《まっぽう》に流通《るつう》す。三《さん》に一《いち》を加《くわ》えて三国四師《さんごくしし》と号《な》づく。

——顕仏未来記、新612・全509

安房《あわ》の国（千葉県南部）の日蓮は、恐《おそ》れ多いことではあるが、（釈尊《しゃくそん》・天台《てんだい》・伝教《でんぎょう》の）三師《さんし》のあとを受け継《つ》いで、法華宗《ほっけしゅう》を助けて末法《まっぽう》に流通《るつう》するのである。それゆえ、三師に日蓮一人を加《くわ》えて三国四師《さんごくしし》と名づけるのである。

＊

外典《げてん》に云《い》わく「未萌《みぼう》をしる《知》を聖人《しょうにん》という」。内典《ないてん》に云《い》わく「三世《さんぜ》を知《し》るを聖人《しょうにん》という」。余《よ》に三度《さんど》のこうみょう《高名》あり。

——撰時抄、新２０４・全２８７

外典《げてん》には、「未《いま》だ萌《きざ》していないものごとを前もって知る人を聖人《しょうにん》という」と説《と》かれている。内典《ないてん》には、「過去《かこ》、現在《げんざい》、未来《みらい》の三世《さんぜ》を見通している人を聖人という」と説かれている。私には三度《さんど》の高名《こうみょう》がある。

＊

> 仏《ほとけ》になる道《みち》は、必《かなら》ず身命《しんみょう》をす《捨》つるほどの事《こと》ありてこそ、仏《ほとけ》にはなり候《そうろう》らめとおし《推量》はかる。既《すで》に経文《きょうもん》のごとく「悪口《あっく》・罵詈《めり》」「刀杖《とうじょう》・瓦礫《がりゃく》」「しばしば擯出《ひんずい》せられん」と説《と》かれて、かかるめ《目》に値《あ》い候《そうろう》こそ法華経《ほけきょう》をよ《読》むにて候《そうろう》らめと、いよいよ信心《しんじん》もおこり、後生《ごしょう》もたの《頼》もしく候《そうろう》。死《し》して候《そうら》わば、必《かなら》ず各々《おのおの》をもたす《助》けたてまつるべし。
>
> ――佐渡御勘気抄、新1195・全891

仏になる道は、必《かなら》ず命を捨《す》てるほどのことがあってこそ、仏になるのだろうと思われる。法華経の経文《きょうもん》に「この経《きょう》を弘《ひろ》める者は悪口《あっこう》され、ののしられ、刀で斬《き》られ、杖《つえ》で打たれ、瓦礫《がれき》を投げつけられ、たびたび居所《いどころ》を追われる」と説《と》かれている通り、このような目に遭《あ》うことこそ法華経を読むことなのだろうと、いよいよ信心《しんじん》も起こり、後生《ごしょう》のことも頼《たの》もしく思うのである。私が死んだならば、必ずあなた方をもお助けするだろう。

わずかの小島《こじま》のぬし《主》らがおど《脅》さんをおじ《怖》ては、閻魔王《えんまおう》のせめ《責》をばいかんがすべき。仏《ほとけ》の御使《おんつか》いとなのり《名乗》ながらおく《臆》せんは、無下《むげ》の人々《ひとびと》なりと申《もう》しふく《含》めぬ。

――種々御振舞御書、新1227・全911

わずかばかりの小島である日本の国主らが脅《おど》すのを恐《おそ》れては、閻魔王《えんまおう》の責《せ》めをどうするというのか。仏のお使いであると名乗りをあげておきながら臆《おく》するのは、話にもならない人々であると、弟子《でし》たちに申し含《ふく》めたのである。

*

今夜《こんや》、頸切《くびき》られへまか《罷》るなり。この数年《すうねん》が間願《あいだねが》いつることこれなり。この娑《しゃ》婆《ば》世《せ》界《かい》にして、きじ《雉》となりし時《とき》はたか《鷹》につか《摑》まれ、ねずみ《鼠》となりし時《とき》はねこ《猫》にく《食》らわれき。あるいはめこ《妻子》のかたきに身《み》を失《うしな》いしこと、大地微塵《だいちみじん》より多《おお》し。法華《ほけ》経《きょう》の御《おん》ためには一度《いちど》だも失《うしな》うことなし。されば、日蓮《にちれん》、貧道《ひんどう》の身《み》と生《う》まれて、父《ふ》母《ぼ》の孝養《こうよう》、心《こころ》にたらず《足》。国《くに》の恩《おん》を報《ほう》ずべき力《ちから》なし。今度《こんど》、頸《くび》を法華経《ほけきょう》に奉《たてまつ》って、その功徳《くどく》を父母《ふぼ》に回向《えこう》せん。そのあまりは弟子《でし》檀那《だんな》等《ら》にははぶく《省》べしと申《もう》せしこと、これなり。

――種々御振舞御書、新1231・全913

今夜、首を切られに行くのである。この数年の間、願《ねが》ってきたことは、これである。この娑婆世界《しゃばせかい》において、雉《きじ》となったときは鷹《たか》につかまれ、鼠《ねずみ》となったときは猫《ねこ》に食べられた。あるいは妻子《さいし》の敵のために命を失《うしな》ったことは、大地の塵《ちり》の数よりも多い。しかし、法華経のために命を失ったことは一度もなかった。ゆえに、日蓮は徳《とく》の少ない身と生まれて、父母への孝行《こうこう》も満足《まんぞく》にできなかった。国の恩《おん》に報《ほう》じる力もない。今度こそ、首を法華経に奉《たてまつ》って、その功徳《くどく》を父母に回向《えこう》しよう。その余《あま》りは弟子檀那《でしだんな》たちに分けよう、と言ってきたことは、今この時のこのことである。

*

日蓮申《にちれんもう》すよう「不《ふ》かく《覚》のとの《殿》ばら《原》かな。これほどの悦《よろこ》びをばわらえ《笑》かし。……」

——種々御振舞御書、新1231・全913

（処刑《しょけい》の時に、四条金吾《しじょうきんご》が「今が最期《さいご》です」と泣《な》いたことに対して）日蓮は「なんという不覚《ふかく》の人か。これほどの悦《よろこ》びを笑《わら》いなさい……」と言った。

*

日蓮《にちれん》によりて日本国《にほんこく》の有無《うむ》はあるべし。譬《たと》えば、宅《いえ》に柱《はしら》なければたも《保》たず、人《ひと》に魂《たましい》なければ死人《しびと》なり。日蓮《にちれん》は日本《にほん》の人《ひと》の魂《たましい》なり。

――種々御振舞御書、新1238・全919

日蓮によって、日本国の存亡《そんぼう》は決まる。例《たと》えば、家に柱がなければ家は保《たも》たれず、人に魂《たましい》がなければ死人であるのと同じである。日蓮は日本の人の魂である。

*

悪王《あくおう》の正法《しょうほう》を破《やぶ》るに、邪法《じゃほう》の僧等《そうとう》が方人《かとうど》をなして智者《ちしゃ》を失《うしな》わん時《とき》は、師子王《ししおう》のごとくなる心《こころ》をもてる者《もの》、必《かなら》ず仏《ほとけ》になる《成》べし。例《れい》せば日蓮《にちれん》がごとし。

悪王が正法《しょうほう》を破《やぶ》ろうとし、邪法《じゃほう》の僧《そう》らがその味方をして、智者《ちしゃ》を亡《な》き者にしようとする時は、師子王《ししおう》のような心を持つ者が必《かなら》ず仏になるのである。例《れい》を挙《あ》げれば、日蓮である。

——佐渡御書、新1286・全957

＊

日蓮《にちれん》は、この関東《かんとう》の御一門《ごいちもん》の棟梁《とうりょう》なり、日月《にちがつ》なり、亀鏡《ききょう》なり、眼目《がんもく》なり。日蓮《にちれん》捨《す》て去《さ》る時《とき》、七難必《しちなんかなら》ず起《お》こるべし。

——佐渡御書、新1286・全957

日蓮は、この関東《かんとう》の北条御一門《ほうじょうごいちもん》にとって棟梁《とうりょう》であり、太陽や月であり、鏡《かがみ》であり、眼目《がんもく》である。日蓮を捨《す》て去る時、七難《しちなん》が必《かなら》ず起こるであろう。

日蓮《にちれん》は、世間《せけん》には日本第一《にほんだいいち》の貧《まず》しき者《もの》なれども、仏法《ぶっぽう》をもって論《ろん》ずれば一閻浮《いちえんぶ》提第一《だいだいいち》の富《と》める者《もの》なり。これ、時《とき》のしからしむる故《ゆえ》なりと思《おも》えば、喜《よろこ》び身《み》にあまり、感涙押《かんるいお》さえ難《がた》く、教主釈尊《きょうしゅしゃくそん》の御恩報《ごおんほう》じ奉《たてまつ》り難《がた》し。

——四菩薩造立抄、新1339・全988

＊

日蓮は世間的にみれば日本第一の貧《まず》しい者であるけれども、仏法の上から論《ろん》ずるならば、一閻浮提《いちえんぶだい》（＝全世界）第一の富《と》める者である。これは（末法《まっぽう》という）時がそうさせるためであると思うと、喜《よろこ》びは身にあまり、感涙《かんるい》をおさえがたく、教主釈尊《きょうしゅしゃくそん》の御恩《ごおん》は報《ほう》じがたいものである。

＊

日蓮《にちれん》は少《わか》きより今生《こんじょう》のいのり《祈》なし。ただ仏《ほとけ》になら《成》んとおも《思》うばかりなり。

——四条金吾殿御返事（世雄御書）、新1590・全1169

日蓮は若《わか》い時から今世《こんぜ》の栄《さか》えを祈《いの》ったことはない。ただ仏になろうと思い願《ねが》うだけである。

*

仏《ほとけ》の大難《だいなん》には及《およ》ぶか勝《すぐ》れたるか、それは知《し》らず。竜樹《りゅうじゅ》・天親《てんじん》・天台《てんだい》・伝教《でんぎょう》は余《よ》に肩《かた》を並《なら》べがたし。日蓮末法《にちれんまっぽう》に出《い》でずば、仏《ほとけ》は大妄語《だいもうご》の人《ひと》、多宝《たほう》・十方《じっぽう》の諸仏《しょぶつ》は大虚妄《だいこもう》の証明《しょうみょう》なり。仏《ほとけ》の滅後《めつご》二千二百三十余《にせんにひゃくさんじゅうよ》年《ねん》が間《あいだ》、一閻浮提《いちえんぶだい》の内《うち》に仏《ほとけ》の御言《みこと》を助《たす》けたる人《ひと》、ただ日蓮一人《にちれんいちにん》なり。

——聖人御難事、新1619・全1189

（これらの難《なん》が）仏（＝釈尊《しゃくそん》）の大難《だいなん》には及《およ》ぶか、勝《まさ》っているか、それは知らない。竜樹《りゅうじゅ》・天親《てんじん》・天台《てんだい》・伝教《でんぎょう》は、私と肩《かた》を並《なら》べがたいのである。もし日蓮が末法《まっぽう》に出《しゅつ》現《げん》しなかったなら、仏は大うそつきの人となり、多宝如来《たほうにょらい》と十方《じっぽう》の諸仏《しょぶつ》も、全く偽《いつわ》りの証明《しょうめい》をしたことになってしまう。仏の滅後《めつご》二千二百三十年余《あま》りの間に、一閻浮《いちえんぶ》提《だい》（＝全世界）の中で、仏の御言葉を助けた人は、ただ日蓮一人である。

*

かくのごとく思《おも》いつづ《続》けて候《そうら》えば、流人《るにん》なれども喜悦《きえつ》はかり《計》なし《無》。うれし《嬉》きにもなみだ《涙》、つらき《辛》にもなみだなり。涙《なみだ》は善悪《ぜんあく》に通《つう》ずるものなり。（中略）今《いま》、日蓮《にちれん》もかくのごとし。かかる身《み》となるも、妙法蓮華経《みょうほうれんげきょう》の五字七字《ごじしちじ》を弘《ひろ》むる故《ゆえ》なり。釈迦仏《しゃかぶつ》・多宝仏《たほうぶつ》、未来日本国《みらいにほんこく》の一切衆生《いっさいしゅじょう》のためにとどめ《留》おき《置》給《たも》うところの妙法蓮華経《みょうほうれんげきょう》なりと、かくのごとく我《われ》も聞《き》きし故《ゆえ》ぞかし。
現在《げんざい》の大難《だいなん》を思《おも》いつづくる《続》にもなみだ《涙》、未来《みらい》の成仏《じょうぶつ》を思《おも》って喜《よろこ》ぶにもなみだ《涙》せき《塞》あえ《敢》ず。鳥《とり》と虫《むし》とはなけ《鳴》どもなみだ《涙》おち《落》ず。日蓮《にちれん》はなか《泣》ねどもなみだひま《隙》なし。このなみだ世間《せけん》のことにはあらず。ただひとえに法華経《ほけきょう》の故《ゆえ》なり。もししからば甘露《かんろ》のなみだとも云《い》いつべし。

——諸法実相抄、新1792・全1360

このように思い続《つづ》けていると、流人《るにん》の身ではあっても喜《よろこ》びは計《はか》り知れない。うれしいことにも涙《なみだ》を流し、つらいことにも涙を流すものである。涙は善悪《ぜんあく》に通じているものである。（中略）今、日蓮も同じである。このような流人の身となったことも、妙法蓮華経の五字七字を弘《ひろ》めたからである。それは釈迦仏《しゃかぶつ》・多宝仏《たほうぶつ》が、未来《みらい》の日本国の全ての人々のために留《とど》め置《お》かれたところの妙法蓮華経であると、このように日蓮も聞いたからである。

現在《げんざい》の大難《だいなん》を思い続《つづ》けるにも涙《なみだ》があふれ、未来《みらい》の成仏《じょうぶつ》を思って喜《よろこ》ぶにも涙が止まらない。鳥と虫は鳴いても涙を落とすことはない。日蓮は泣《な》かないけれども涙が止めどなく流れるのである。

この涙《なみだ》は世間のことによる涙ではない。ただひとえに法華経のための涙である。もしそうであれば甘露《かんろ》の涙ともいえるであろう。

*

そもそも、日蓮《にちれん》、種々《しゅじゅ》の大難《だいなん》の中《なか》には竜《たつ》の口《くち》の頸《くび》の座《ざ》と東条《とうじょう》の難《なん》にはすぎ《過》ず。その故《ゆえ》は、諸難《しょなん》の中《なか》には命《いのち》をすつ《捨》る程《ほど》の大難《だいなん》はなきなり。あるいはのり《罵》、せめ《責》、あるいは処《ところ》をおわ《追》れ、無実《むじつ》を云《い》いつけ《付》られ、あるいは面《おもて》をうた《打》れしなどは物《もの》のか《数》

ずならず。されば、色心《しきしん》の二法《にほう》よりおこり起てそしら謗れたる者《もの》は、日本国《にほんこく》の中《なか》には日蓮一人《にちれんいちにん》なり。

——上野殿御返事（刀杖難の事）、新1888・全1555

思えば、日蓮が受けた種々《しゅじゅ》の大難《だいなん》の中で、竜《たつ》の口《くち》の首の座《ざ》と東条《とうじょう》の難《なん》（＝小松原《こまつばら》の法難《ほうなん》）ほどの大難はない。そのわけは、諸難《しょなん》の中でも身命《しんみょう》を捨《す》てるほどの大難《だいなん》はないからである。あるいは悪口《あっこう》され、あるいは居所《いどころ》を追われ、讒言《ざんげん》をされ、あるいは顔を打ちすえられたことなどは、（この二つの大難に比《くら》べれば）物の数ではない。したがって、色法《しきほう》（＝肉体）と心法《しんぽう》（＝精神《せいしん》）との両面から謗《そし》られた者は、日本国の中では日蓮ただ一人である。

＊

去《い》ぬる建長《けんちょう》五年《ごねん》太歳癸丑《たいさいみずのとうし》四月《しがつ》二十八日《にじゅうはちにち》に、安房国長狭郡《あわのくにながさのこおり》の内《うち》、東条郷《とうじょうのごう》、今《いま》は郡《こおり》なり。天照太神《てんしょうだいじん》の御《み》くりや、右大将家《うだいしょうけ》の立《た》て始《はじ》め給《たま》いし日本第二《にほんだいに》のみくりや、今《いま》は日本第一《にほんだいいち》なり。この郡《こおり》の内《うち》、清澄寺《せいちょうじ》と申《もう》す寺《てら》の諸仏坊《しょぶつぼう》の持仏堂《じぶつどう》の南面《なんめん》にして、午時《うまのとき》にこの法門申《ほうもんもう》しはじめて、今《いま》に二十七年《にじゅうななねん》、弘安二年《こうあんにねん》太歳己卯《たいさいつちのとう》なり。仏《ほとけ》は四十余年《しじゅうよねん》、天台大師《てんだいだいし》は三十余年《さんじゅうよねん》、伝教大師《でんぎょうだいし》は二十余年《にじゅうよねん》に出世《しゅっせ》の本懐《ほんかい》を遂《と》げ給《たも》う。その中《なか》の大難申《だいなんもう》すばかりなし。先々《さきざき》に申《もう》すがごとし。余《よ》は二十七年《にじゅうななねん》なり。その間《あいだ》の大難《だいなん》は、各々《おのおの》かつし《知》ろしめせり。

——聖人御難事、新1618・全1189

去る建長《けんちょう》五年四月二十八日、安房《あわ》の国（千葉県南部）長狭《ながさ》の郡《こおり》のうち、東条《とうじょう》の郷《ごう》、今は郡《こおり》となっている。そこは天照太神《てんしょうだいじん》の所領《しょりょう》、すなわち、右大将《うだいしょう》・源頼朝《みなもとのよりとも》が開いた日本第二の所領があり、今では日本第一である。この東条《とうじょう》の郡《ごう》にある清澄寺《せいちょうじ》という寺の諸仏坊《しょぶつぼう》の持仏堂《じぶつどう》で南に向かって、正午の時に、この法門《ほうもん》（南無妙法蓮華経）を説《と》き始めて以来《いらい》、今までに二十七年が経《た》って、弘安《こうあん》二年となった。

釈尊《しゃくそん》は（弘教《ぐきょう》を始めて）四十年余《あま》り、天台大師《てんだいだいし》は三十年余り、伝教大師《でんぎょうだいし》は二十年余りに、出世《しゅっせ》の本懐《ほんかい》を遂《と》げられた。それまでの間、それぞれに起こった大難《だいなん》は、言い尽《つ》くせない。今まで、しばしば述《の》べてきたとおりである。私は、二十七年である。その間に起こった大難は、それぞれが既《すで》に知っている通りである。

＊

今度強盛《こんどごうじょう》の菩提心《ぼだいしん》をおこ《発》して退転《たいてん》せじと願《がん》じぬ。

——開目抄、新70・全200

私は、今度こそ、強い求道心《きゅうどうしん》を起こして、断《だん》じて退転《たいてん》するまい、と誓願《せいがん》したのである。

御本仏《ごほんぶつ》の大慈悲《だいじひ》

日蓮《にちれん》が法華経《ほけきょう》の智解《ちげ》は天台《てんだい》・伝教《でんぎょう》には千万《せんまん》が一分《いちぶん》も及《およ》ぶことなけれども、難《なん》を忍《しの》び慈悲《じひ》のすぐ《勝》れたることはおそれ《畏》をもいだ《抱》きぬべし。

――開目抄、新72・全202

（法華経を末法《まっぽう》に弘通《ぐつう》して未聞《みもん》の大難《だいなん》に遭《あ》っているので）日蓮の法華経に対する理解《りかい》は、天台《てんだい》や伝教《でんぎょう》の千万分の一にも及《およ》ばないけれども、難《なん》を忍《しの》び、慈悲《じひ》がすぐれていることとは、実に恐縮《きょうしゅく》するほどである。

＊

一念三千《いちねんさんぜん》を識《し》らざる者《もの》には、仏《ほとけ》、大慈悲《だいじひ》を起《お》こし、五字《ごじ》の内《うち》にこの珠《たま》を裹《つつ》み、末代幼稚《まつだいようち》の頸《くび》に懸《か》けしめたもう。

——如来滅後五五百歳始観心本尊抄、新146・全254

一念三千《いちねんさんぜん》を知らない末法《まっぽう》の衆生《しゅじょう》に対して、仏は大慈悲《だいじひ》を起こし、妙法《みょうほう》五字の内に、この一念三千の珠《たま》を包《つつ》み、末代幼稚《まつだいようち》の首に懸《か》けさせるのである。

＊

日蓮《にちれん》が慈悲曠大《じひこうだい》ならば、南無妙法蓮華経《なんみょうほうれんげきょう》は万年《まんねん》の外未来《ほかみらい》までもなが《流》るべし。日本国《にほんこく》の一切衆生《いっさいしゅじょう》の盲目《もうもく》をひら《開》ける功徳《くどく》あり。無間地獄《むけんじごく》の道《みち》をふさ《塞》ぎぬ。

報恩抄、新261・全329

日蓮の慈悲《じひ》が広大であるなら、南無妙法蓮華経は万年のさらに先の未来《みらい》までも流布《るふ》するにちがいない。日本国のあらゆる衆生《しゅじょう》の盲目《もうもく》を開いた功徳《くどく》がある。無間地獄《むけんじごく》への道をふさいだのである。

*

願《ねが》わくは、我《われ》を損《そん》ずる国主等《こくしゅとう》をば、最初《さいしょ》にこれを導《みちび》かん。我《われ》を扶《たす》くる弟子等《でしとう》をば、釈尊《しゃくそん》にこれを申《もう》さん。我《われ》を生《う》める父母等《ふぼとう》には、いまだ死《し》せざる已前《いぜん》にこの大《だい》善《ぜん》を進《まい》らせん。

——顕仏未来記、新612・全509

願《ねが》わくは、私を亡《な》き者にしようとする国主らをまず最初《さいしょ》に導《みちび》こう。私を助ける弟子《でし》たちのことを釈尊《しゃくそん》に申し上げよう。私を生んだ父母たちには、自分が生きているうちに、この大善《だいぜん》の功徳《くどく》を差《さ》し上げよう。

＊

一切衆生《いっさいしゅじょう》の同一苦《どういつく》は、ことごとくこれ日蓮一人《にちれんいちにん》の苦《く》なりと申《もう》すべし。

——諫暁八幡抄、新745・全587

＊

一切衆生《いっさいしゅじょう》が同一に受ける苦《く》は、ことごとく日蓮一人の苦であると言うべきである。

一切衆生《いっさいしゅじょう》の異《い》の苦《く》を受《う》くるは、ことごとくこれ日蓮一人《にちれんいちにん》の苦《く》なるべし。

——御義口伝、新1056・全758

一切衆生《いっさいしゅじょう》が受けているさまざまな苦《く》は、ことごとく日蓮一人の苦である。

*

かかる日蓮《にちれん》を用《もち》いぬるとも、あし《悪》くうやま《敬》わば国亡《くにほろ》ぶべし。いかにいわんや、数百人《すうひゃくにん》ににく《憎》ませ、二度《にど》まで流《なが》しぬ。この国《くに》の亡《ほろ》びんこと疑《うたが》いなかるべけれども、しばらく禁《きん》をなして「国《くに》をたすけ給《たま》え」と日蓮《にちれん》がひか《控》うればこそ、今《いま》までは安穏《あんのん》にありつれども、ほう《法》に過《す》ぐれば罰《ばち》あたりぬるなり。

――種々御振舞御書、新1239・全919

法華経の行者《ぎょうじゃ》である日蓮を用《もち》いたとしても、悪《あ》しく敬《うやま》うならば、日本国は滅《ほろ》びるであろう。それどころか、数百人を憎《にく》ませて、二度まで流罪《るざい》に処《しょ》したのである。それゆえ、この国が滅びることは疑《うたが》いなかったが、しばらくは、あえて、「この国を助け給《たま》え」と祈念《きねん》して日蓮が控《ひか》えていたからこそ、今までは安穏《あんのん》だったが、あまりに度が過《す》ぎたので罰《ばち》を免《まぬか》れることができなくなったのである。

*

日蓮《にちれん》、生《う》まれし時《とき》よりいまに一日片時《いちにちかたとき》もこころ《心》やす《安》きことはなし。この法華《ほけ》経《きょう》の題目《だいもく》を弘《ひろ》めんと思《おも》うばかりなり。

――上野殿御返事(刀杖難の事)、新1892・全1558

日蓮は、生まれた時から今に至《いた》るまで、一日片時《かたとき》も心の休まることはなかった。ただ、この法華経の題目を弘《ひろ》めようと思うばかりである。

＊

との《殿》の御子息等《ごしそくとう》も、すえ《末》の代《よ》はさか《栄》うべしとおぼ《思》しめせ。このことは一代聖《いちだいしょう》教《ぎょう》をも引《ひ》いて、百千《ひゃくせん》まい《枚》にか《書》くとも、つ《尽》くべしとはおも《思》わねども、や《痩》せやま《病》いと申《もう》し、身《み》もくる《苦》しく候《そうら》えば、事々《ことごと》申《もう》さず。あわれ、あわれ、いつかげ《見》ざん《参》に入《い》って申《もう》し候《そうら》わん。

また、むか《向》いまいらせ候《そうら》いぬれば、あまりのうれしさにかた《語》られ候《そうら》わず候《そうら》えば、あらあら《粗々》申《もう》す。

——兵衛志殿御返事（一族末代栄えの事）、新1498　※新規収録

あなた（＝池上宗長《いけがみむねなが》）のご子息らも、末代《まつだい》まで永《なが》く栄《さか》えるであろうと思いなさい。

このことは、釈尊《しゃくそん》が一生の間に説《と》いた経典《きょうてん》を引用して、百千枚《ひゃくせんまい》にわたって書いても書き尽《つ》くせることとは思わないけれども、痩《や》せ細る病《やまい》で、体も苦しいので、あれこれと申し上げられない。まことに、まことに、いつかお会いして申し上げよう。

また、対面したならば、あまりの嬉《うれ》しさに話ができなくなってしまうだろうから、（この手紙で）おおよそを申し上げたのである。

*

たとい殿《との》の罪《つみ》ふかくして地獄《じごく》に入《い》り給《たま》わば、日蓮《にちれん》をいかに仏《ほとけ》になれ《成》と釈迦仏《しゃかぶつ》こしら《拵》えさせ給《たも》うとも、用《もち》いまいらせ候《そうろう》べからず。同《おな》じく地獄《じごく》なるべし。日蓮《にちれん》と殿《との》と共《とも》に地獄《じごく》に入《い》るならば、釈迦仏《しゃかぶつ》・法華経《ほけきょう》も地獄《じごく》にこそおわしまさずらめ。

——崇峻天皇御書（三種財宝御書）、新1595・全1173

もし、あなた（＝四条金吾《しじょうきんご》）の罪《つみ》が深くて地獄《じごく》に入ってしまうようなことがあれば、この日蓮に対して釈迦仏《しゃかぶつ》が「仏になりなさい」と、どれほど導《みちび》こうとされようとも、私は従《したが》うことはない。あなたと同じく地獄へ入るであろう。日蓮とあなたがともに地獄に入るなら、釈迦仏も法華経も地獄にこそいらっしゃるにちがいない。

□御本尊《ごほんぞん》は仏の生命

問《と》うて云《い》わく、末代悪世《まつだいあくせ》の凡夫《ぼんぷ》は何物《なにもの》をもって本尊《ほんぞん》と定《さだ》むべきや。
答《こた》えて云《い》わく、法華経《ほけきょう》の題目《だいもく》をもって本尊《ほんぞん》とすべし。

——本尊問答抄、新302・全365

質問《しつもん》する。末代悪世《まつだいあくせ》の凡夫《ぼんぷ》は、何を本尊《ほんぞん》と定めるべきであろうか。
答える。法華経の題目（南無妙法蓮華経）をもって本尊《ほんぞん》とすべきである。

＊

日蓮《にちれん》がたましい《魂》をすみ《墨》にそめ《染》なが《流》してかき《書》て候《そうろう》ぞ、信《しん》じさせ給《たま》え。仏《ほとけ》の御意《みこころ》は法華経《ほけきょう》なり、日蓮《にちれん》がたましいは南無妙法蓮華経《なんみょうほうれんげきょう》にすぎ《過》たるはなし。

——経王殿御返事、新1633・全1124

（この御本尊《ごほんぞん》は）日蓮の魂《たましい》を墨《すみ》に染《そ》め流して書いたのであるから、信《しん》じていきなさい。釈尊《しゃくそん》の御意《みこころ》は法華経であり、日蓮の魂は南無妙法蓮華経に他《ほか》ならないのである。

*

一念三千《いちねんさんぜん》の法門《ほうもん》をふり《振》すす《濯》ぎた《立》てたるは大曼荼羅《だいまんだら》なり。当世《とうせい》の習《なら》いそこな《損》いの学者《がくしゃ》、ゆめにもしらざる法門《ほうもん》なり。

——草木成仏口決、新1779・全1339

一念三千《いちねんさんぜん》の法門《ほうもん》を振《ふ》りすすいで立てたのが（南無妙法蓮華経の）大曼荼羅《だいまんだら》である。今の世の中の習いそこないの学者たちが、夢《ゆめ》にも知らない法門である。

＊

この御本尊全《ごほんぞんまった》く余所《よそ》に求《もと》むることなかれ。ただ我《われ》ら衆生《しゅじょう》の法華経《ほけきょう》を持《たも》って南《な》無妙法蓮華経《んみょうほうれんげきょう》と唱《とな》うる胸中《きょうちゅう》の肉団《にくだん》におわしますなり。これを九識心王真如《くしきしんのうしんにょ》の都《みやこ》とは申《もう》すなり。

――日女御前御返事（御本尊相貌抄）、新２０８８・全１２４４

この御本尊《ごほんぞん》を決して他の所に求《もと》めてはならない。ただ我ら衆生《しゅじょう》が法華経を持《たも》って南無妙法蓮華経と唱《とな》える、胸中《きょうちゅう》の肉団《にくだん》におられるのである。これを九識心王真如《くしきしんのうしんにょ》（＝仏の覚《さと》りの真実の境地《きょうち》）の都《みやこ》というのである。

ここに日蓮《にちれん》、いかなる不思議《ふしぎ》にてや候《そうろう》らん、竜樹《りゅうじゅ》・天親等《てんじんとう》、天台《てんだい》・妙楽等《みょうらくとう》だにも顕《あらわ》し給《たま》わざる大曼荼羅《だいまんだら》を、末法二百余年《まっぽうにひゃくよねん》の比《ころ》、はじめて法華弘通《ほっけぐつう》のはたじるし《旗印》として顕《あらわ》し奉《たてまつ》るなり。

——日女御前御返事（御本尊相貌抄）、新2086・全1243

＊

ここに日蓮は、なんと不思議《ふしぎ》なことであろうか、竜樹《りゅうじゅ》・天親《てんじん》ら、天台《てんだい》・妙楽《みょうらく》らでさえも顕《あらわ》されなかった（南無妙法蓮華経の）大曼荼羅《だいまんだら》を、末法《まっぽう》に入って二百年余《あま》りが過《す》ぎたころに、初《はじ》めて法華弘通《ほっけぐつう》の旗印《はたじるし》として顕したのである。

＊

この時《とき》、地涌千界出現《じゆせんがいしゅつげん》して、本門《ほんもん》の釈尊《しゃくそん》を脇士《きょうじ》となす一閻浮提第一《いちえんぶだいだいいち》の本尊《ほんぞん》この国《くに》に立《た》つべし。月支《がっし》・震旦《しんたん》にいまだこの本尊有《ほんぞんまし》まさず。

――如来滅後五五百歳始観心本尊抄、新146・全254

この（闘諍《とうじょう》の）時に、無数《むすう》の地涌《じゆ》の菩薩《ぼさつ》が出現《しゅつげん》して、本門《ほんもん》の釈尊《しゃくそん》を脇士《きょうじ》とする一閻《いちえん》浮提《ぶだい》（＝全世界）第一の本尊《ほんぞん》を、この国に立てるのである。インドにも中国にも、この本尊は現《あらわ》れていない。

＊

この曼陀羅《まんだら》は、文字《もんじ》は五字七字《ごじしちじ》にて候《そうら》えども、三世《さんぜ》の諸仏《しょぶつ》の御師《おんし》、一切《いっさい》の女人《にょにん》

> の成仏《じょうぶつ》の印文《いんもん》なり。冥途《めいど》にはともしび《灯》となり、死出《しで》の山《やま》にては良馬《りょうば》となり、天《てん》には日月《にちがつ》のごとし、地《ち》には須弥山《しゅみせん》のごとし。生死海《しょうじかい》の船《ふね》なり、成仏得道《じょうぶつとくどう》の導師《どうし》なり。
>
> ――妙法曼陀羅供養事、新１７２６・全１３０５

この（南無妙法蓮華経の）曼陀羅《まんだら》は、文字は五字七字であるけれども、三世諸仏《さんぜしょぶつ》の御師《おんし》であり、一切の女人《にょにん》の成仏《じょうぶつ》を約束《やくそく》する印の文字である。冥途《めいど》ではともしびとなり、死出《しで》の山では良馬《りょうば》となり、天にあっては太陽や月のようであり、地上にあっては須弥山《しゅみせん》のようなものである。生死《しょうじ》の苦海《くかい》を渡《わた》る船であり、成仏得道《とくどう》に導《みちび》く師《し》である。

□信・不信

観心《かんじん》とは、我《わ》が己心《こしん》を観《かん》じて十法界《じっぽうかい》を見《み》る、これを観心《かんじん》と云《い》うなり。譬《たと》えば、他人《たにん》の六根《ろっこん》を見《み》るといえども、いまだ自面《じめん》の六根《ろっこん》を見《み》ざれば自具《じぐ》の六根《ろっこん》を知《し》らず、明鏡《みょうきょう》に向《む》かうの時《とき》、始《はじ》めて自具《じぐ》の六根《ろっこん》を見《み》るがごとし。

——如来滅後五五百歳始観心本尊抄、新125・全240

「観心《かんじん》」とは「わが己心《こしん》を観《かん》じて自己《じこ》の生命に具《そな》わっている十法界《じっぽうかい》を見ること」である。

例《たと》えば、他人の六根《ろっこん》（目・耳・鼻・舌《した》・身・意）を見ることはできても、自分自身の六根を見ることができなければ自身に六根が具《そな》わることがわからず、明鏡《めいきょう》に向かって初《はじ》めて自分の六根を見ることができるようなものである。

*

> 仏《ほとけ》の名《みな》を唱《とな》え、経巻《きょうがん》をよみ《読》、花《はな》をちら《散》し、香《こう》をひね《拈》るまでも、皆《みな》、我《わ》が一念《いちねん》に納《おさ》めたる功徳《くどく》・善根《ぜんこん》なりと信心《しんじん》を取《と》るべきなり。
> ――一生成仏抄、新317・全383

仏の名を唱《とな》え、経巻《きょうかん》を読み、花を供《そな》え、香《こう》を焚《た》くことまでも、全て自分自身の一《いち》念《ねん》に功徳《くどく》、善根《ぜんこん》として納《おさ》まっていくのだ、と信心《しんじん》を起こしていきなさい。

*

「南無《なむ》」とは梵語《ぼんご》なり。ここには「帰命《きみょう》」と云《い》う。人法《にんぽう》これ有《あ》り。人《にん》とは釈尊《しゃくそん》に帰命《きみょう》し奉《たてまつ》るなり。法《ほう》とは法華経《ほけきょう》に帰命《きみょう》し奉《たてまつ》るなり。

――御義口伝、新984・全708

「南無《なむ》」とは梵語《ぼんご》である。漢語では「帰命《きみょう》」という。(帰命には)人への帰命と、法《ほう》への帰命がある。人への帰命とは釈尊《しゃくそん》に帰命することである。法への帰命とは法華経に帰命することである。

*

一念三千《いちねんさんぜん》も「信《しん》」の一字《いちじ》より起《お》こり、三世《さんぜ》の諸仏《しょぶつ》の成道《じょうどう》も「信《しん》」の一字《いちじ》より起《お》こるなり。この「信《しん》」の字《じ》、元品《がんぽん》の無明《むみょう》を切る利剣《りけん》なり。その故《ゆえ》は、「信《しん》」は、「疑《うたが》いなきを『信《しん》』と曰《い》う」とて、疑惑《ぎわく》を断破《だんぱ》する利剣《りけん》なり。

——御義口伝、新1011・全725

一念三千《いちねんさんぜん》も「信《しん》」の一字から起こり、三世《さんぜ》の諸仏《しょぶつ》の成道《じょうどう》も、「信」の一字から起こるのである。この「信」の字は、元品《がんぽん》の無明《むみょう》（=根本の迷い）を切る鋭利《えいり》な剣《つるぎ》である。その理由は、「信」は「疑《うたが》いが無《な》いことを『信』という」といって、疑惑《ぎわく》を断《た》ち切る利剣《りけん》である。

*

信心《しんじん》のこころ全《まった》ければ、平等大慧《びょうどうだいえ》の智水《ちすい》乾《かわ》くことなし。

——秋元御書、新1458・全1072

信心《しんじん》の心が堅固《けんご》であれば、仏の平等大慧《びょうどうだいえ》の智慧《ちえ》の水が乾《かわ》くことはない。

＊

ただし御信心《ごしんじん》によるべし。剣《つるぎ》なんども、進《すす》まざる人《ひと》のためには用《もち》いることなし。法華経《ほけきょう》の剣《つるぎ》は、信心《しんじん》の健気《けなげ》なる人《ひと》こそ用《もち》いることなれ。鬼《おに》に金《かな》棒《ぼう》たるべし。

――経王殿御返事、新１６３３・全１１２４

ただし（御本尊《ごほんぞん》に偉大《いだい》な功力《くりき》があるといっても、それを現《あらわ》すのは）御信心《ごしんじん》によるのである。剣《つるぎ》なども、進もうとしない人のためには役に立たない。法華経という剣は、勇《ゆう》敢《かん》な信心《しんじん》の人であってこそ役立てることができるのである。まさに鬼《おに》に金棒《かなぼう》である。

＊

> この御本尊《ごほんぞん》もただ信心《しんじん》の二字《にじ》におさ《納》まれり。「信《しん》をもって入《い》ることを得《え》たり」とは、これなり。日蓮《にちれん》が弟子檀那等《でしだんなら》、「正直《しょうじき》に方便《ほうべん》を捨《す》つ」「余経《よきょう》の一偈《いちげ》をも受《う》けず」と無二《むに》に信《しん》ずる故《ゆえ》によって、この御本尊《ごほんぞん》の宝塔《ほうとう》の中《なか》へ入《い》るべきなり。（中略）南無妙法蓮華経《なんみょうほうれんげきょう》とばかり唱《とな》えて仏《ほとけ》にな《成》るべきこと、もっとも大切《たいせつ》なり。信心《しんじん》の厚薄《こうはく》によるべきなり。
> 仏法《ぶっぽう》の根本《こんぽん》は信《しん》をもって源《みなもと》とす。
>
> ——日女御前御返事（御本尊相貌抄）、新2088・全1244

この御本尊《ごほんぞん》も、ただ信心《しんじん》の二字に納《おさ》まっている。「信《しん》によってこそ入ることができる」とはこのことである。

日蓮の弟子檀那《でしだんな》たちは、「きっぱりと仮《かり》の教えを捨《す》てて」、「法華経以外《いがい》の経文《きょうもん》の一《いち》偈《げ》をも受けてはならない」との経文の通りに、無二《むに》に信《しん》ずることによって、この御《ご》本尊《ほんぞん》の宝塔《ほうとう》の中へ入ることができるのである。（中略）南無妙法蓮華経とだけ唱《とな》えて、成仏《じょうぶつ》していくことが最《もっと》も大切である。それはひとえに信心《しんじん》の厚薄《こうはく》による。

仏法の根本《こんぽん》は、信《しん》をもって源《みなもと》とするのである。

*

夫《そ》れ、信心《しんじん》と申《もう》すは別《べつ》にはこれなく候《そうろう》。妻《め》のおとこ《夫》をおしむ《惜》がごとく、おと《夫》この妻《め》に命《いのち》をすつる《捨》がごとく、親《おや》の子《こ》をすて《捨》ざるがごとく、子《こ》の母《はは》にはなれ《離》ざるがごとくに、法華経《ほけきょう》、釈迦《しゃか》・多宝《たほう》、十方《じっぽう》の諸《もろもろ》の仏菩薩《ぶつぼさつ》、諸天善神等《しょてんぜんじんとう》に信《しん》を入《い》れ奉《たてまつ》って、南無妙法蓮華経《なんみょうほうれんげきょう》と唱《とな》えたてまつるを、信心《しんじん》とは申《もう》し候《そうろう》なり。

――妙一尼御前御返事、新1697・全1255

そもそも、信心《しんじん》というのは特別《とくべつ》なものではない。妻《つま》が夫《おっと》を大切にするように、夫が妻のために命を捨《す》てるように、また親が子を捨てないように、子が母から離《はな》れないように、法華経、釈迦《しゃか》・多宝《たほう》、十方《じっぽう》の諸《もろもろ》の仏菩薩《ぶつぼさつ》、諸天善神等《しょてんぜんじんとう》を信《しん》じて、南無妙法蓮華経と唱《とな》えることを、信心というのである。

*

この度《たび》、大願《だいがん》を立《た》てて、後生《ごしょう》を願《ねが》わせ給《たま》え。少《すこ》しも謗法不信《ほうぼうふしん》のとが《失》候《そうら》わば、無《む》間大城疑《けんだいじょううたが》いなかるべし。譬《たと》えば、海上《かいじょう》を船《ふね》にのる《乗》に、船《ふね》おろそか《疎》にあらざれども、あか《淦》入《い》りぬれば、必《かなら》ず船中《せんちゅう》の人々一時《ひとびといちじ》に死《し》するなり。なわて《畷》堅固《けんご》なれども、蟻《あり》の穴《あな》あれば、必《かなら》ず終《つい》に湛《たた》えたる水《みず》のたまら《溜》ざるがごとし。謗法不信《ほうぼうふしん》のあか《淦》をとり《取》、信心《しんじん》のなわて《畷》をかたむ《固》べきなり。

――阿仏房尼御前御返事、新1731・全1308

このたび、大願《だいがん》を立てて後生《ごしょう》を願《ねが》っていきなさい。少しでも謗法不信《ほうぼうふしん》の失《とが》があるなら、無間大城《むけんだいじょう》に堕《お》ちることは疑《うたが》いない。例《たと》えば、海上を船に乗って行くのに、船は粗悪《そあく》でなくても、水が入れば、(船は沈《しず》み)必《かなら》ず船中の人々は一時に死ぬのである。あぜは堅固《けんご》であっても、蟻《あり》の穴《あな》があれば、必《かなら》ず最後《さいご》には湛《たた》えた水が漏《も》れて田に溜《た》まらないようなものである。したがって、謗法不信《ほうぼうふしん》の水を取り除《のぞ》き、信心《しんじん》のあぜを固《かた》めるべきである。

*

信心《しんじん》の血脈《けつみゃく》なくんば、法華経《ほけきょう》を持《たも》つとも無益《むやく》なり。
――生死一大事血脈抄、新1777・全1338

信心《しんじん》の血脈《けつみゃく》がなければ、法華経を持《たも》っても無益《むえき》である。

有《う》解《げ》無《む》信《しん》とて、法門《ほうもん》をば解《さと》って信心《しんじん》なき《無》者《もの》は、さらに成仏《じょうぶつ》すべからず。有《う》信《しん》無《む》解《げ》とて、解《げ》はなく《無》とも信心《しんじん》ある《有》ものは、成仏《じょうぶつ》すべし。（中略）いわんや、我《われ》ら衆《しゅ》生《じょう》、少分《しょうぶん》の法門《ほうもん》を心得《こころえ》たりとも、信心《しんじん》なくば仏《ほとけ》にならんことおぼつか《覚束》なし。

——新池御書、新2068・全1443

＊

有《う》解《げ》無《む》信《しん》といって、法門《ほうもん》を理解《りかい》しても信心《しんじん》のない者は、さらさら成仏《じょうぶつ》することはできない。有《う》信《しん》無《む》解《げ》といって、理解はなくても信心のある者は、成仏できるのである。（中略）ましてや、我ら衆生《しゅじょう》が、少しばかりの法門を心得《こころえ》たとしても、信心がなければ仏になることはおぼつかない。

> 夫《そ》れ、雪至《ゆきいた》って白《しろ》ければ、そ《染》むるにそ《染》められず。漆至《うるしいた》ってく《黒》ろければ、し《白》ろくなることなし。これよりう《移》つりやすきは人《ひと》の心《こころ》なり。善悪《ぜんあく》にそめられ候《そうろう》。真《しん》言《ごん》・禅《ぜん》・念仏宗等《ねんぶつしゅうとう》の邪悪《じゃあく》の者《もの》にそめられぬれば、必《かなら》ず地獄《じごく》にお《堕》つ。法華経《ほけきょう》にそめられ奉《たてまつ》れば、必《かなら》ず仏《ほとけ》にな《成》る。（中略）いかにも御信心《ごしんじん》をば雪《ゆき》・漆《うるし》のごとくに御《おん》も《持》ちあるべく候《そうろう》。
>
> ――西山殿御返事（雪漆御書）、新1951・全1474

そもそも、雪は極《きわ》めて白いものであるから、染《そ》めようにも染めることができない。漆《うるし》は極めて黒いものであるから、白くなることはない。雪や漆と違《ちが》って移《うつ》り変《か》わりやすいものは、人間の心である。善《ぜん》にも悪にも染められるのである。真言宗《しんごんしゅう》・禅宗《ぜんしゅう》・念仏宗等《ねんぶつしゅうとう》の邪悪《じゃあく》の者に染められれば、必《かなら》ず地獄《じごく》に堕《お》ちる。法華経に染められるならば、必ず仏になることができる。（中略）なんとしても信心《しんじん》こそ、純白《じゅんぱく》な雪のように、また、まじり気のない黒漆のように、純一堅固《じゅんいつけんご》に持《たも》つべきである。

*

かつえ《飢》て食《じき》をねがい《願》、渇《かっ》して水《みず》をしたう《慕》がごとく、恋《こ》いて人《ひと》を見《み》たきがごとく、病《やまい》にくすり《薬》をたのむ《頼》がごとく、みめかたち《見目形》よき人《ひと》、べに《紅》・しろいもの《白物》をつく《付》るがごとく、法華経《ほけきょう》には信心《しんじん》をいたさせ《致》給《たま》え。さなくしては後悔《こうかい》あるべし云々《うんぬん》。

——上野殿御返事（刀杖難の事）、新1892・全1558

飢《う》えて食べ物を欲《ほっ》するように、喉《のど》が渇《かわ》いて水を求《もと》めるように、恋《こい》しく思ってその人に会いたいと思うように、病気になって薬を頼《たよ》りにするように、容貌《ようぼう》のすぐれた人がさらに紅《べに》やおしろいを付《つ》けるように、法華経には信心《しんじん》を尽《つ》くしていきなさい。そうでなければ、後悔《こうかい》するであろう。

□勤行《ごんぎょう》・唱題

一念無明《いちねんむみょう》の迷心《めいしん》は磨《みが》かざる鏡《かがみ》なり。これを磨《みが》かば、必《かなら》ず法性真如《ほっしょうしんにょ》の明鏡《みょうきょう》と成《な》るべし。深《ふか》く信心《しんじん》を発《おこ》して、日夜朝暮《にちやちょうぼ》にまた懈《おこた》らず磨《みが》くべし。いかようにしてか磨《みが》くべき。ただ南無妙法蓮華経《なんみょうほうれんげきょう》と唱《とな》えたてまつるを、これをみがく《磨》とはいうなり。

――一生成仏抄、新317・全384

（私たち凡夫《ぼんぷ》の）無明《むみょう》という根本《こんぽん》の迷いに覆《おお》われた命は、磨《みが》いていない鏡《かがみ》である。これを磨くなら、必《かなら》ず真実の覚《さと》りの智慧《ちえ》の明鏡《めいきょう》となるのである。

深く信心《しんじん》を奮《ふる》い起こして、日夜、朝夕に、また怠《おこた》ることなく自身の命を磨《みが》くべきである。では、どのようにして磨《みが》いたらよいのであろうか。ただ南無妙法蓮華経と唱《とな》えること、これが磨くということなのである。

＊

「経《きょう》」とは一切衆生《いっさいしゅじょう》の言語音声《ごんごおんじょう》を経《きょう》と云《い》うなり。釈《しゃく》に云《い》わく「声《こえ》、仏事《ぶつじ》をなす。これを名《な》づけて経《きょう》となす」。

――御義口伝、新984・全708

（妙法蓮華経の）経《きょう》とは一切衆生《いっさいしゅじょう》の言語音声《ごんごおんじょう》をいうのである。（章安大師《しょうあんだいし》の）釈《しゃく》には「声が仏の働《はたら》きをする。これを名づけて経という」とある。

＊

今《いま》、日蓮等《にちれんら》の類《たぐ》い、南無妙法蓮華経《なんみょうほうれんげきょう》と唱《とな》え奉《たてまつ》る者《もの》は、「与如来共宿《よにょらいぐしゅく》」の者《もの》なり。傅大士《ふだいし》の釈《しゃく》に云《い》わく「朝々仏《ちょうちょうほとけ》とともに起《お》き、夕々仏《せきせきほとけ》とともに臥《ふ》す。時々《じじ》に成道《じょうどう》し、時々《じじ》に顕本《けんぽん》す」云々《うんぬん》。

——御義口伝、新1027・全737

今、南無妙法蓮華経と唱《とな》える日蓮およびその弟子《でし》たちは、「如来《にょらい》と共《とも》に宿《しゅく》する」者である。傅大士《ふだいし》の釈《しゃく》には「朝に夕に仏と共に起き臥《ふ》し、時々に仏道を成《じょう》じ、本地《ほんじ》を顕《あらわ》す」とある。

*

今《いま》、日蓮等《にちれんら》の類《たぐ》い、南無妙法蓮華経《なんみょうほうれんげきょう》と唱《とな》え奉《たてまつ》るは、大風《おおかぜ》の吹《ふ》くがごとくなり。

今、日蓮およびその弟子《でし》たちが南無妙法蓮華経と唱《とな》えることは、大風が吹《ふ》くようなものである。

——御義口伝、新1034・全742

*

今《いま》、日蓮等《にちれんら》の弘通《ぐつう》の南無妙法蓮華経《なんみょうほうれんげきょう》は、体《たい》なり、心《こころ》なり。二十八品《にじゅうはっぽん》は用《ゆう》なり。二十八品《にじゅうはっぽん》は助行《じょぎょう》なり、題目《だいもく》は正行《しょうぎょう》なり。正行《しょうぎょう》に助行《じょぎょう》を摂《おさ》むべきなり云々《うんぬん》。

——御義口伝、新1106・全794

今、日蓮およびその弟子《でし》たちが弘通《ぐつう》する南無妙法蓮華経は、体《たい》であり、心である。法華経二十八品は用《ゆう》（働《はたら》き）である。二十八品は助行《じょぎょう》であり、題目は正行《しょうぎょう》である。正行に助行は含《ふく》まれるべきである。

*

題目《だいもく》ばかりを唱《とな》うる福《ふく》、計《はか》るべからずとみ《見》えぬ。一部八巻二十八品《いちぶはっかんにじゅうはっぽん》を受持《じゅじ》・読誦《どくじゅ》し、随喜《ずいき》・護持等《ごじとう》するは広《こう》なり。方便品《ほうべんぽん》・寿量品等《じゅりょうほんとう》を受持《じゅじ》し、乃至《ないし》護持《ごじ》するは略《りゃく》なり。ただ一四句偈《いちしくげ》、乃至《ないし》題目《だいもく》ばかりを唱《とな》え、と《唱》なうる者《もの》を護持《ごじ》するは要《よう》なり。広《こう》・略《りゃく》・要《よう》の中《なか》には題目《だいもく》は要《よう》の内《うち》なり。

――法華経題目抄（妙の三義の事）、新534・全942

題目ばかりを唱《とな》える福徳《ふくとく》は、はかることができないと説《と》かれている。法華経一部八巻二十八品を受持《じゅじ》・読誦《どくじゅ》し、随喜《ずいき》・護持《ごじ》などするのは（広《こう》・略《りゃく》・要《よう》のうち）広である。方便品《ほうべんぼん》・寿量品等《じゅりょうほんとう》を受持・読誦し、随喜・護持するのは略である。ただ一四句《いちしく》偈《げ》、あるいは題目ばかりを唱え、唱える者を護持するのは要である。広・略・要の中では、題目は要の中の要である。

＊

末法《まっぽう》に入《い》って、今《いま》、日蓮《にちれん》が唱《とな》うるところの題目《だいもく》は、前代《ぜんだい》に異《こと》なり、自行《じぎょう》・化他《けた》に亘《わた》って南無妙法蓮華経《なんみょうほうれんげきょう》なり。

――三大秘法禀承事、新1387・全1022

末法《まっぽう》に入って、今、日蓮が唱《とな》える題目は、前の時代とは異《こと》なって、自行《じぎょう》・化他《けた》の両面にわたる南無妙法蓮華経である。

白馬《はくば》は日蓮《にちれん》なり。白鳥《はくちょう》は我《われ》らが一門《いちもん》なり。白馬《はくば》のなく《鳴》は我《われ》らが南無妙法蓮華《なんみょうほうれんげ》経《きょう》のこえなり。この声《こえ》をき《聞》かせ給《たも》う梵天《ぼんてん》・帝釈《たいしゃく》・日月《にちがつ》・四天等《してんとう》、いかでか色《いろ》をまし《増》ひかり《光》をさかん《盛》になし給《たま》わざるべき、いかでか我《われ》らを守護《しゅご》し給《たま》わざるべきと、つよづよ《強々》とおぼ《思》しめすべし。

——曽谷殿御返事（輪陀王の事）、新1447・全1065

白馬《はくば》は日蓮である。白鳥《はくちょう》は我ら一門である。白馬がいななくのは我らが唱《とな》える南無妙法蓮華経の声である。この声を聞かれた大梵天王《だいぼんてんのう》、帝釈天《たいしゃくてん》、日天《にってん》、月天《がってん》、四天《してん》王等《のうとう》が、どうして色つやを増《ま》し、輝《かがや》きを強くされないはずがあろうか、どうして我らを守護《しゅご》されないはずがあろうかと、強く思われるべきである。

＊

苦《く》をば苦《く》とさとり《覚》、楽《らく》をば楽《らく》とひらき《開》、苦楽《くらく》ともに思《おも》い合《あ》わせて南無妙法蓮華《なんみょうほうれんげ》経《きょう》とうち《打》となえ《唱》い《居》させ給《たま》え。これあに自受法楽《じじゅほうらく》にあらずや。

——四条金吾殿御返事（衆生所遊楽御書）、新1554・全1143

苦《く》を苦と覚《さと》り、楽を楽と開き、苦しくても楽しくても南無妙法蓮華経と唱《とな》えきっていきなさい。これこそ自受法楽《じじゅほうらく》（＝自ら法楽を受ける）ではないか。

*

「…聖人《しょうにん》の唱《とな》えさせ給《たも》う題目《だいもく》の功徳《くどく》と、我《われ》らが唱《とな》え申《もう》す題目《だいもく》の功徳《くどく》と、いか程《ほど》の多少《たしょう》候《そうろう》べきや」と云々《うんぬん》。さらに勝劣《しょうれつ》あるべからず候《そうろう》。

――松野殿御返事（十四誹謗の事）、新１９８７・全１３８１

（あなた〈＝松野六郎左衛門《まつののろくろうざえもん》〉からの手紙に）「…聖人《しょうにん》の唱《とな》えられる題目の功徳《くどく》と、我々が唱える題目の功徳に、どれほどの相違《そうい》があるのか」との質問《しつもん》があった。（それに答えるが）題目の功徳には全《まった》く勝劣《しょうれつ》はない。

＊

法華経一部《ほけきょういちぶ》の肝心《かんじん》は南無妙法蓮華経《なんみょうほうれんげきょう》の題目《だいもく》にて候《そうろう》。朝夕御唱《ちょうせきおんとな》え候《そうら》わば、正《まさ》しく法華経一部《ほけきょういちぶ》を真読《しんどく》にあそばすにて候《そうろう》。二返唱《にへんとな》うるは二部《にぶ》、乃至百返《ないしひゃっぺん》は百部《ひゃくぶ》、千返《せんべん》は千部《せんぶ》、かように不退《ふたい》に御唱《おんとな》え候《そうら》わば、不退《ふたい》に法華経《ほけきょう》を読《よ》む人《ひと》にて候《そうろう》べく候《そうろう》。

――妙法尼御前御返事（一句肝心の事）、新２０９９・全１４０２

法華経一部の肝心《かんじん》は南無妙法蓮華経の題目である。朝夕に題目を唱《とな》えるならば、まさに法華経一部を全て読むことになる。二遍《にへん》唱えれば二部、そのようにして百遍《ひゃっぺん》は百部、千遍《せんべん》は千部と、このように怠《おこた》りなく唱えれば、怠りなく法華経を読む人になるのである。

*

仏《ほとけ》に成《な》り候《そうろう》ことは別《べつ》の様《よう》は候《そうら》わず。南無妙法蓮華経《なんみょうほうれんげきょう》と他事《たじ》なく唱《とな》え申《もう》して候《そうら》えば、天然《てんねん》と三十二《さんじゅうに》相八十種好《そうはちじっしゅこう》を備《そな》うるなり。「我《わ》がごとく等《ひと》しくして異《こと》なることなし」と申《もう》して、釈尊程《しゃくそんほど》の仏《ほとけ》にやすやす《易々》と成《な》り候《そうろう》なり。

——新池御書、新2068・全1443

仏になるということは特別《とくべつ》なことではない。南無妙法蓮華経と、他の事にとらわれることなく唱《とな》えていく時に、自然《しぜん》と三十二相八十種好《さんじゅうにそうはちじっしゅこう》を具《そな》えるのである。「我がごとく等《ひと》しくして異《こと》なることなし」といって、釈尊《しゃくそん》のような仏にやすやすと成《な》るのである。

祈《いの》り

> よき火打《ひう》ちと、よき石《いし》のかど《角》と、よきほくち《火口》と、この三《みっ》つ寄《よ》り合《あ》って火《ひ》を用《もち》いるなり。祈《いの》りもまたかくのごとし。よき師《し》と、よき檀那《だんな》と、よき法《ほう》と、この三《みっ》つ寄《よ》り合《あ》って祈《いの》りを成就《じょうじゅ》し、国土《こくど》の大難《だいなん》をも払《はら》うべきものなり。
>
> ——法華初心成仏抄、新695・全550

よい火打ち金と、よい火打ち石の角《かど》と、よい火口《ほくち》と、この三つが寄《よ》り合って火を用《もち》いることができるのである。祈《いの》りもまた同じである。よい師《し》と、よい弟子《でし》と、よい法《ほう》と、この三つが寄り合って祈りを成就《じょうじゅ》し、国土《こくど》の大難《だいなん》をも払《はら》うことができるのである。

いかなる世《よ》の乱《みだ》れにも各々《おのおの》をば法華経《ほけきょう》・十羅刹《じゅうらせつ》助《たす》け給《たま》えと、湿《しめ》れる木《き》より火《ひ》を出《い》だし、乾《かわ》ける土《つち》より水《みず》を儲《もう》けんがごとく、強盛《ごうじょう》に申《もう》すなり。

——呵責謗法滅罪抄、新1539・全1132

どのように世の中が乱《みだ》れていても、あなた方のことを法華経や十羅刹女《じゅうらせつにょ》よ助けたまえと、湿《しめ》った木から火を出し、乾《かわ》いた土から水を得《え》ようとする思いで強盛《ごうじょう》に祈《いの》っている。

*

御《おん》いのりの叶《かな》い候《そうら》わざらんは、弓《ゆみ》のつよ《強》くしてつる《弦》よわ《弱》く、太刀《たち》・つるぎ《剣》にてつかう《使》人《ひと》の臆病《おくびょう》なるようにて候《そうろう》べし。あえて法華経《ほけきょう》の御《おん》とが《失》にては候《そうろう》べからず。
――王舎城事、新1547・全1138

祈《いの》りが叶《かな》わないのは、弓が強いのに弦《つる》が弱く、太刀《たち》や剣《つるぎ》があっても使う人が臆病《おくびょう》なようなものである。決して法華経の失《とが》ではない。

*

頭《こうべ》をふれ《振》ばかみ《髪》ゆる《揺》ぐ。心《こころ》はたらけ《働》ば身《み》うごく《動》。大風《おおかぜ》吹《ふ》けば草木《そうもく》しずか《静》ならず。大地《だいち》うごけ《動》ば大海《たいかい》さわがし《騒》。教主釈尊《きょうしゅしゃくそん》をうごかし奉《たてまつ》れば、ゆるがぬ草木《そうもく》やあるべき、さわがぬ水《みず》やあるべき。
――日眼女造立釈迦仏供養事、新1610・全1187

頭を振《ふ》れば、髪《かみ》が揺《ゆ》らぐ。心が働《はたら》けば、身体が動く。大風が吹《ふ》けば、草木も揺れる。大地が動けば、大海も騒《さわ》ぐ。同じように、教主釈尊《きょうしゅしゃくそん》（御本尊《ごほんぞん》）を動かせば、揺るがない草木があるだろうか、騒がない水があるだろうか。

*

ただ心《こころ》こそ大切《たいせつ》なれ。いかに日蓮《にちれん》いのり《祈》申《もう》すとも、不信《ふしん》ならば、ぬれ《濡》たるほくち《火口》に火《ひ》をうち《打》かく《掛》るがごとくなるべし。はげみ《励》をなして強盛《ごうじょう》に信力《しんりき》をいだし《出》給《たも》うべし。

——四条金吾殿御返事（法華経兵法の事）、新１６２３・全１１９２

ただ心こそ大切である。いかに日蓮が祈《いの》っても、あなた自身が不信《ふしん》ならば、濡《ぬ》れている火口《ほくち》に火を打ちかけるようなものである。勇《いさ》んで強盛《ごうじょう》に信力《しんりき》を出しなさい。

おのおのは随分《ずいぶん》の日蓮《にちれん》がかとうど《方人》なり。しかるに、なずき《脳》をくだき《砕》ていのる《祈》に、いましるし《験》のなきは、この中《なか》に心《こころ》のひるがえる《翻》人《ひと》の有《あ》るとおぼえ《覚》候《そうろう》ぞ。

――弁殿御消息（師弟同心の祈りの事）、新1637・全1225

*

あなたたちはそれぞれ日蓮の大切な味方である。そうであるのに、頭を砕《くだ》くほど真剣《しんけん》に祈《いの》っているのに、今まで明らかな現証《げんしょう》がないのは、この中に日蓮と心が合わない者がいるからであると思われる。

*

祈禱《きとう》においては顕祈顕応《けんきけんおう》・顕祈冥応《けんきみょうおう》・冥祈冥応《みょうきみょうおう》・冥祈顕応《みょうきけんおう》の祈禱《きとう》有《あ》りといえども、ただ肝要《かんよう》は、この経《きょう》の信心《しんじん》を致《いた》し給《たま》い候《そうら》わば、現当《げんとう》の所願《しょがん》、満足《まんぞく》あるべく候《そうろう》。

——道妙禅門御書、新1713・全1242

祈《いの》りの現《あらわ》れ方には、顕祈顕応《けんきけんおう》、顕祈冥応《けんきみょうおう》、冥祈冥応《みょうきみょうおう》、冥祈顕応《みょうきけんおう》の四種《ししゅ》があるが、ただ肝心《かんじん》なことは、この法華経の信心《しんじん》を尽《つ》くされるならば、現在《げんざい》および未来《みらい》の願いは満《み》たされるであろう。

*

叶《かな》い叶《かな》わぬは御信心《ごしんじん》により候《そうろう》べし。全《まった》く日蓮《にちれん》がとが《失》にあらず。

――日厳尼御前御返事、新２１３５・全１２６２

あなたの願《ねが》いが叶《かな》うか叶わないかは、あなた（＝日厳尼《にちごんあま》）の信心《しんじん》によるのである。全《まった》く日蓮の失《とが》ではない。

＊

大地《だいち》はさ《差》さばはず《外》るるとも、虚空《おおぞら》をつな《繋》ぐ者《もの》はありとも、潮《しお》のみ《満》ちひ《干》ぬことはありとも、日《ひ》は西《にし》より出《い》ずるとも、法華経《ほけきょう》の行者《ぎょうじゃ》の祈《いの》りのかな《叶》わぬことはあるべからず。

――祈禱抄、新５９２・全１３５１

大地をさして外れることがあっても、大空をつなぐ者があっても、潮《しお》の満《み》ち干《ひ》がなくなっても、日が西から出ることがあっても、法華経の行者《ぎょうじゃ》の祈《いの》りが叶《かな》わないことは絶対《ぜったい》にない。

*

「釈迦《しゃか》・多宝《たほう》・十方《じっぽう》の仏《ほとけ》、来集《らいじゅう》して我《わ》が身《み》に入《い》りかわり《替》、我《われ》を助《たす》け給《たま》え」と観《かん》念《ねん》せさせ給《たも》うべし。

——弥三郎殿御返事、新2085・全1451

「釈迦仏《しゃかぶつ》・多宝仏《たほうぶつ》・十方《じっぽう》の仏よ、集《つど》い来《きた》って、わが身に入りかわり、我を助けたまえ」と祈念《きねん》しなさい。

□一生成仏《いっしょうじょうぶつ》・仏界涌現《ぶっかいゆげん》

「我《わ》がごとく等《ひと》しくして異《こと》なることなからしめん。我《わ》が昔《むかし》の願《ねが》いしところのごときは、今《いま》、すでに満足《まんぞく》しぬ。一切衆生《いっさいしゅじょう》を化《け》して、皆仏道《みなぶつどう》に入《い》らしむ」。妙覚《みょうかく》の釈尊《しゃくそん》は我《われ》らが血肉《けつにく》なり。因果《いんが》の功徳《くどく》は骨髄《こつずい》にあらずや。

――如来滅後五五百歳始観心本尊抄、新135・全246

（法華経方便品《ほうべんぼん》には）「衆生《しゅじょう》を私（釈尊《しゃくそん》）のように等《ひと》しくして、異《こと》なることがないようにしたい。そのように私が昔に願《ねが》ったことが、今は完全《かんぜん》に実現《じつげん》した。一切《いっさい》衆生を教化《きょうけ》して、皆《みな》、仏の覚《さと》りに入らせるのである」と述《の》べられている。

妙覚《みょうかく》の位《くらい》の釈尊《しゃくそん》は、私たちの血肉である。この仏の因果《いんが》の功徳《くどく》は、私たちの骨髄《こつずい》ではないだろうか。

＊

詮《せん》ずるところ、妙法蓮華《みょうほうれんげ》の当体《とうたい》とは、法華経《ほけきょう》を信《しん》ずる日蓮《にちれん》が弟子檀那等《でしだんなとう》の父母《ふぼ》の生《う》みたるところの肉身《にくしん》これなり。（中略）正直《しょうじき》に方便《ほうべん》を捨《す》てて、ただ法華経《ほけきょう》を信《しん》じ、南無妙法蓮華経《なんみょうほうれんげきょう》と唱《とな》うる人《ひと》は、煩悩《ぼんのう》・業《ごう》・苦《く》の三道《さんどう》、法身《ほっしん》・般若《はんにゃ》・解脱《げだつ》の三徳《さんとく》と転《てん》じて、三観《さんがん》・三諦《さんたい》即《すなわ》ち一心《いっしん》に顕《あらわ》れ、その人《ひと》の所住《しょじゅう》の処《ところ》は常寂光土《じょうじゃっこうど》なり。

――当体義抄、新616・全512

所詮《しょせん》、妙法蓮華の当体《とうたい》とは、法華経を信《しん》ずる日蓮の弟子檀那《でしだんな》たちの、父母から生《しょう》じた肉身そのものをいうのである。（中略）きっぱりと方便《ほうべん》の教えを捨《す》て、ただ法華経を信じ、南無妙法蓮華経と唱《とな》える人は、煩悩《ぼんのう》・業《ごう》・苦《く》の三道《さんどう》が、法身《ほっしん》・般若《はんにゃ》・解《げ》脱《だつ》の三徳《さんとく》と転じて、三観《さんがん》・三諦《さんたい》が、そのまま一心に顕《あらわ》れ、その人が住するところは常寂光土《じょうじゃっこうど》となるのである。

*

一度妙法蓮華経《ひとたびみょうほうれんげきょう》と唱《とな》うれば、一切《いっさい》の仏《ほとけ》、一切《いっさい》の法《ほう》、一切《いっさい》の菩薩《ぼさつ》、一切《いっさい》の声聞《しょうもん》、一切《いっさい》の梵王《ぼんのう》・帝釈《たいしゃく》・閻魔法王《えんまほうおう》・日月《にちがつ》・衆星《しゅしょう》・天神《てんじん》・地神《ちじん》、乃至地獄《ないしじごく》・餓鬼《がき》・畜《ちく》生《しょう》・修羅《しゅら》・人《にん》・天《てん》、一切衆生《いっさいしゅじょう》の心中《しんちゅう》の仏性《ぶっしょう》をただ一音《ひとこえ》に喚《よ》び顕《あらわ》し奉《たてまつ》る功徳《くどく》、無《む》量無辺《りょうむへん》なり。

我《わ》が己心《こしん》の妙法蓮華経《みょうほうれんげきょう》を本尊《ほんぞん》とあがめ奉《たてまつ》って、我《わ》が己心中《こしんちゅう》の仏性《ぶっしょう》、南無妙法《なんみょうほう》蓮華経《れんげきょう》とよ《呼》びよ《呼》ばれて顕《あらわ》れ給《たも》うところを仏《ほとけ》とは云《い》うなり。譬《たと》えば、籠《かご》の中《なか》の鳥《とり》鳴《な》けば、空《そら》とぶ鳥《とり》のよばれて集《あつ》まるがごとし。空《そら》とぶ鳥《とり》の集《あつ》まれば、籠《かご》の中《なか》の鳥《とり》も出《い》でんとするがごとし。口《くち》に妙法《みょうほう》をよび奉《たてまつ》れば、我《わ》が身《み》の仏性《ぶっしょう》もよばれて必《かなら》ず顕《あらわ》れ給《たも》う。梵王《ぼんのう》・帝釈《たいしゃく》の仏性《ぶっしょう》はよばれて我《われ》らを守《まも》り給《たも》う。仏菩薩《ぶつぼさつ》の仏性《ぶっしょう》はよばれて悦《よろこ》び給《たも》う。

――法華初心成仏抄、新７０３・全５５７

ひとたび妙法蓮華経と唱《とな》えれば、一切《いっさい》の仏、一切の法《ほう》、一切の菩薩《ぼさつ》、一切の声聞《しょうもん》、一切の梵王《ぼんのう》・帝釈天《たいしゃくてん》・閻魔法王《えんまほうおう》・日月《にちがつ》・衆星《しゅしょう》・天神《てんじん》・地神《ちじん》、さらに地獄《じごく》・餓鬼《がき》・畜《ちく》生《しょう》・修羅《しゅら》・人《にん》・天《てん》の一切衆生《いっさいしゅじょう》の心中の仏性《ぶっしょう》を、ただ一つの声で呼《よ》び現《あらわ》すのであり、その功徳《くどく》は無量無辺《むりょうむへん》である。

私たち自身の心に具《そな》わる妙法蓮華経を本尊《ほんぞん》として尊崇《そんすう》して、私たち自身の心の中の仏性《ぶっしょう》を南無妙法蓮華経と呼《よ》び、呼ばれて現《あらわ》れるものを仏というのである。

例《たと》えていうと、籠《かご》の中の鳥が鳴けば、空を飛《と》ぶ鳥が呼《よ》ばれて集まるようなものである。空を飛ぶ鳥が集まれば、籠の中の鳥が出ようとするようなものである。口で妙法《みょうほう》を呼べば、私たち自身の仏性《ぶっしょう》も呼ばれて必《かなら》ず現《あらわ》れる。梵王《ぼんのう》や帝釈天《たいしゃくてん》の仏性は呼ばれて、私たちを守る。仏や菩薩《ぼさつ》の仏性は呼ばれて喜《よろこ》ぶのである。

＊

今《いま》、日蓮《にちれん》が唱《とな》うるところの南無妙法蓮華経《なんみょうほうれんげきょう》は、末法一万年《まっぽういちまんねん》の衆生《しゅじょう》まで成仏《じょうぶつ》せしむるなり。あに「今者已満足《こんじゃいまんぞく》」にあらずや。

——御義口伝、新1004・全720

今、日蓮が唱《とな》える南無妙法蓮華経は、末法《まっぽう》一万年の衆生《しゅじょう》まで成仏《じょうぶつ》させるのである。（法華経方便品《ほうべんぼん》にある）「今は完全《かんぜん》に実現《じつげん》した」という経文《きょうもん》の通りではないだろうか。

＊

仏《ほとけ》になる《成》道《みち》はあに境智《きょうち》の二法《にほう》にあらずや。されば、境《きょう》というは万法《ばんぽう》の体《たい》を云《い》い、智《ち》というは自体顕照《じたいけんしょう》の姿《すがた》を云《い》うなり。しかるに、境《きょう》の淵《ふち》ほとり《辺》なくふかき《深》時《とき》は、智慧《ちえ》の水《みず》ながるる《流》ことつつが《恙》なし。この境智合《きょうちがっ》しぬれば、即身成仏《そくしんじょうぶつ》するなり。

――曽谷殿御返事（成仏用心抄）、新１４３３・全１０５５

仏になる道は境智《きょうち》の二法《にほう》にあるのではないだろうか。境《きょう》というのは万法《ばんぽう》の体《たい》をいい、智《ち》というのは自体顕照《じたいけんしょう》の姿《すがた》をいうのである。

さて、境《きょう》の淵《ふち》が際限《さいげん》がないほど広大で、しかも深い時は、智慧《ちえ》の水が流れるのに滞《とどこお》ることがない。この境智《きょうち》が合うならば即身成仏《そくしんじょうぶつ》するのである。

＊

久遠実成《くおんじつじょう》の釈尊《しゃくそん》と皆成仏道《かいじょうぶつどう》の法華経《ほけきょう》と我《われ》ら衆生《しゅじょう》との三《みっ》つ全《まった》く差別《さべつ》無《な》しと解《さと》って妙法蓮華経《みょうほうれんげきょう》と唱《とな》え奉《たてまつ》るところを、生死一大事《しょうじいちだいじ》の血脈《けつみゃく》とはいうなり。

——生死一大事血脈抄、新1774・全1337

久遠実成《くおんじつじょう》の釈尊《しゃくそん》と、万人《ばんにん》が成仏《じょうぶつ》するための法《ほう》である法華経と、私たち衆生《しゅじょう》の三つは全く差別《さべつ》がないと理解《りかい》し確信《かくしん》して、妙法蓮華経と唱《とな》えていくことを、生死一大事《しょうじいちだいじ》の血脈《けつみゃく》というのである。

＊

自身《じしん》の仏乗《ぶつじょう》を悟《さと》って自身《じしん》の宮殿《きゅうでん》に入《い》るなり。いわゆる、南無妙法蓮華経《なんみょうほうれんげきょう》と唱《とな》え奉《たてまつ》るは、自身《じしん》の宮殿《きゅうでん》に入《い》るなり。

——御義口伝、新1095・全787

自身の内なる妙法《みょうほう》を覚《さと》って、自身の宮殿《きゅうでん》に入るのである。南無妙法蓮華経と唱《とな》えるということが、自身の宮殿に入っていくことなのである。

*

悪人《あくにん》も女人《にょにん》も、畜生《ちくしょう》も地獄《じごく》の衆生《しゅじょう》も、十界《じっかい》ともに即身成仏《そくしんじょうぶつ》と説《と》かれて候《そうろう》は、水《みず》の底《そこ》なる石《いし》に火《ひ》のあるがごとく、百千万年《ひゃくせんまんねん》くら《暗》き所《ところ》にも灯《ともしび》を入《い》れぬればあか《明》くなる。世間《せけん》のあだ《徒》なるものすら、なお、かように不思議《ふしぎ》あり。いかにいわんや、仏法《ぶっぽう》の妙《たえ》なる御法《みのり》の御力《おんちから》をや。我《われ》ら衆生《しゅじょう》の悪業《あくごう》・煩悩《ぼんのう》・生死《しょうじ》果縛《かばく》の身《み》が、正《しょう》・

了《りょう》・縁《えん》の三仏性《さんぶっしょう》の因《いん》によりて、即《すなわ》ち法《ほっ》・報《ぽう》・応《おう》の三身《さんじん》と顕《あらわ》れんこと、疑《うたが》いなかるべし。

——妙法尼御前御返事（一句肝心の事）、新2100・全1403

（法華経には）悪人も女人《にょにん》も、畜生《ちくしょう》も地獄《じごく》の衆生《しゅじょう》も、十界《じっかい》の衆生がともに皆《みな》、即身《そくしん》成仏《じょうぶつ》すると説《と》かれているのは、水の底《そこ》に沈《しず》んでいる石でも、打てば火を発《はっ》するように、百千万年の間、闇《やみ》に閉《と》ざされていた所でも、ともしびを入れれば明るくなるようなものである。世間のつまらないものですら、このように不思議《ふしぎ》がある。まして、仏法の妙《たえ》なる法《ほう》の力において不思議がないわけがない。私たち衆生の、悪業《あくごう》と煩悩《ぼんのう》と生死《しょうじ》の苦しみの果《か》に縛《しば》られている身が、正因《しょういん》・了因《りょういん》・縁因《えんいん》の三因仏性《さんいんぶっしょう》によって、そのまま法身《ほっしん》・報身《ほうじん》・応身《おうじん》の三身如来《さんじんにょらい》と顕《あらわ》れることは疑《うたが》いないのである。

□広宣流布《こうせんるふ》

> 日本乃至漢土《にほんないしかんど》・月氏《がっし》・一閻浮提《いちえんぶだい》に、人《ひと》ごとに有智《うち》・無智《むち》をきら《嫌》わず一同《いちどう》に他《た》事《じ》をすて《捨》て南無妙法蓮華経《なんみょうほうれんげきょう》と唱《とな》うべし。このこといまだひろ《広》まらず。一閻浮提《いちえんぶだい》の内《うち》に仏《ほとけ》の滅後《めつご》二千二百二十五年《にせんにひゃくにじゅうごねん》が間《あいだ》、一人《ひとり》も唱《とな》えず。日蓮一人《にちれんいちにん》、南無妙法蓮華経《なんみょうほうれんげきょう》・南無妙法蓮華経等《なんみょうほうれんげきょうとう》と声《こえ》もおし《惜》まず唱《とな》うるなり。
>
> ――報恩抄、新261・全328

日本から中国・インド・全世界に至《いた》るまで、誰《だれ》であれ智慧《ちえ》の有無《うむ》に関係《かんけい》なく、一致《いっち》して他のことに構《かま》わずにひたすら南無妙法蓮華経と唱《とな》えるべきである。

このことはまだ広まっていない。全世界の中で、釈尊《しゃくそん》が入滅《にゅうめつ》してから二千二百二十五年の間、一人も唱《とな》えていない。日蓮一人だけが、南無妙法蓮華経、南無妙法蓮華経と、声も惜《お》しまず唱えているのである。

＊

「法華《ほっけ》の折伏《しゃくぶく》は権門《ごんもん》の理《り》を破《は》す」の金言《きんげん》なれば、終《つい》に権教《ごんきょう》・権門《ごんもん》の輩《やから》を一人《いちにん》もなくせめ《責》お《落》として法王《ほうおう》の家人《けにん》となし、天下万民《てんかばんみん》、諸乗一仏乗《しょじょういちぶつじょう》と成《な》って妙法《みょうほう》独《ひと》り繁《はん》昌《じょう》せん時《とき》、万民一同《ばんみんいちどう》に南無妙法蓮華経《なんみょうほうれんげきょう》と唱《とな》え奉《たてまつ》らば、吹《ふ》く風枝《かぜえだ》をな《鳴》らさず、雨《あめ》壊《つちくれ》を砕《くだ》かず、代《よ》は羲《ぎ》・農《のう》の世《よ》となりて、今生《こんじょう》には不祥《ふしょう》の災難《さいなん》を払《はら》い、長生《ちょうせい》の術《じゅつ》を得《え》、人法共《にんぽうとも》に不老不死《ふろうふし》の理《ことわり》顕《あらわ》れん時《とき》を、各々《おのおの》御覧《ごらん》ぜよ。「現世安穏《げんぜあんのん》」の証文《しょうもん》、疑《うたが》いあるべからざるものなり。

——如説修行抄、新600・全502

「法華経の折伏《しゃくぶく》は、権教《ごんきょう》の理を打ち破《やぶ》る」という金言であるので、ついに権教を信《しん》ずる輩《やから》を一人も残《のこ》さず責《せ》め落として仏の門下とし、国中の全ての人々が二乗《にじょう》や菩薩《ぼさつ》などをめざす低《ひく》い教えを捨《す》てて最高《さいこう》の成仏《じょうぶつ》の教えを信じ、妙法《みょうほう》だけが独《ひと》り盛《さか》んになった時、全ての人々が一同に南無妙法蓮華経と唱《とな》えるなら、吹《ふ》く風は枝《えだ》を鳴らさず、雨は優《やさ》しく降《ふ》って土を砕《くだ》かず、時代は理想とうたわれた伏羲《ふっき》・神農《しんのう》（＝共に中国古代の伝説上の帝王）の時代のような世となって、今世《こんぜ》では不幸《ふこう》な災難《さいなん》を払《はら》い長寿《ちょうじゅ》の方法《ほうほう》を得《え》て、人も法《ほう》もともに不老不死《ふろうふし》の姿《すがた》が現実《げんじつ》となる時を、皆《みな》それぞれ御覧《ごらん》なさい。「現世安穏《げんぜあんのん》」という経文《きょうもん》に何の疑《うたが》いもないのである。

＊

月《つき》は西《にし》より出《い》でて東《ひがし》を照《て》らし、日《ひ》は東《ひがし》より出《い》でて西《にし》を照《て》らす。仏法《ぶっぽう》もまたもってかくのごとし。正像《しょうぞう》には西《にし》より東《ひがし》に向《む》かい、末法《まっぽう》には東《ひがし》より西《にし》に往《ゆ》く。

月は西から出て東を照《て》らし、日は東から出て西を照らす。仏法もまた同じである。正法《しょうほう》・像法《ぞうほう》時代には、西のインドから東へ伝《つた》わり、末法《まっぽう》においては、東の日本から西へ流布《るふ》していくのである。

――顕仏未来記、新610・全508

*

天竺国《てんじくこく》をば月氏国《がっしこく》と申《もう》す、仏《ほとけ》の出現《しゅつげん》し給《たも》うべき名《な》なり。扶桑国《ふそうこく》をば日本国《にほんこく》と申《もう》す、あに聖人《しょうにん》出《い》で給《たま》わざらん。月《つき》は西《にし》より東《ひがし》に向《む》かえり。月氏《がっし》の仏法《ぶっぽう》の東《ひがし》へ流《なが》るべき相《そう》なり。日《ひ》は東《ひがし》より出《い》ず。日本《にほん》の仏法《ぶっぽう》の月氏《がっし》へかえ《還》るべき瑞相《ずいそう》なり。月《つき》は光《ひかり》あき《明》らかならず。在世《ざいせ》はただ八年《はちねん》なり。日《ひ》は光明《こうみょう》、月《つき》に勝《まさ》れり。五《ご》の五《ご》

百歳《ひゃくさい》の長《なが》き闇《やみ》を照《て》らすべき瑞相《ずいそう》なり。

――諫暁八幡抄、新747・全588

天竺国《てんじくこく》（＝インド）を月氏国《がっしこく》というのは、仏が出現《しゅつげん》なさるべき国名である。扶桑国《ふそうこく》を日本国というからには、どうして聖人《しょうにん》が出現されないはずがあるだろうか。月は最初《さいしょ》、西の空に出て輝《かがや》き、その後、（夜ごとに輝き始める位置《いち》が）東へ移動《いどう》していく。それは月氏《がっし》の仏法が東の方へ流布《るふ》する姿《すがた》を示《しめ》している。太陽は東から出る。日本の仏法が月氏に還《かえ》るという瑞相《ずいそう》である。月の光は太陽ほど明らかではない。それと同じように、仏の在世《ざいせ》の法華経の説法《せっぽう》はただ八年である。太陽の光明は、月に勝《まさ》っている。これは、五《ご》の五百歳《ごひゃくさい》・末法《まっぽう》の長い闇《やみ》を照《て》らす瑞相《ずいそう》である。

＊

この法華経《ほけきょう》を閻浮提《えんぶだい》に行《ぎょう》ずることは、普賢菩薩《ふげんぼさつ》の威神《いじん》の力《ちから》に依《よ》るなり。この経《きょう》の広宣流布《こうせんるふ》することは、普賢菩薩《ふげんぼさつ》の守護《しゅご》なるべきなり。

——御義口伝、新1085・全780

この法華経を全世界に行ずるということは、普賢菩薩《ふげんぼさつ》の威神《いじん》の力によるのである。この経《きょう》が広宣流布《こうせんるふ》するのは、普賢菩薩《ふげんぼさつ》の守護《しゅご》によるのである。

*

仏《ほとけ》の滅後《めつご》において、四味三教等《しみさんぎょうとう》の邪執《じゃしゅう》を捨《す》てて実大乗《じつだいじょう》の法華経《ほけきょう》に帰《き》せば、諸天《しょてん》善神《ぜんじん》ならびに地涌千界等《じゆせんがいとう》の菩薩《ぼさつ》、法華《ほっけ》の行者《ぎょうじゃ》を守護《しゅご》せん。この人《ひと》は、守護《しゅご》の力《ちから》を得《え》て、本門《ほんもん》の本尊《ほんぞん》・妙法蓮華経《みょうほうれんげきょう》の五字《ごじ》をもって閻浮提《えんぶだい》に広宣流布《こうせんるふ》せしめんか。

――顕仏未来記、新608・全507

釈尊《しゃくそん》が入滅《にゅうめつ》したのちにおいて、四味三教《しみさんぎょう》（＝爾前《にぜん》の諸経《しょきょう》）などへの邪《よこしま》な執着心《しゅうちゃくしん》を捨《す》てて、真実の大乗《だいじょう》の教えである法華経に帰依《きえ》するなら、諸天善神《しょてんぜんじん》ならびに無数《むすう》の地《じ》涌《ゆ》の菩薩《ぼさつ》などは、法華経の行者《ぎょうじゃ》を守護《しゅご》するであろう。この人はこれらの守護の力を得《え》て、本門《ほんもん》の本尊《ほんぞん》である妙法蓮華経の五字を全世界に広宣流布《こうせんるふ》させていくであろう。

＊

今《いま》、日蓮《にちれん》が時《とき》に感《かん》じて、この法門広宣流布《ほうもんこうせんるふ》するなり。

――三大秘法稟承事、新1388・全1023

今、日蓮がその時であると感じて、この法門《ほうもん》（＝三大秘法《さんだいひほう》）を広宣流布《こうせんるふ》するのである。

＊

日本国《にほんこく》の中《なか》にただ一人《ひとり》、南無妙法蓮華経《なんみょうほうれんげきょう》と唱《とな》えたり。これは須弥山《しゅみせん》の始《はじ》めの一塵《いちじん》、大海《たいかい》の始《はじ》めの一露《いちろ》なり。二人《ふたり》・三人《さんにん》・十人《じゅうにん》・百人《ひゃくにん》、一国《いっこく》・二国《にこく》、六十六箇《ろくじゅうろっか》国《こく》、すでに島二《しまふた》つにも及《およ》びぬらん。今《いま》は謗《ぼう》ぜし人々《ひとびと》も唱《とな》え給《たも》うらん。また上一《かみいち》人《にん》より下万民《しもばんみん》に至《いた》るまで、法華経《ほけきょう》の神力品《じんりきほん》のごとく、一同《いちどう》に南無妙法蓮華経《なんみょうほうれんげきょう》と唱《とな》え給《たも》うこともやあらんずらん。

——妙密上人御消息、新1711・全1241

（日蓮は）日本国の中でただ一人、南無妙法蓮華経と唱《とな》えた。これは須弥山《しゅみせん》となった始めの一塵《いちじん》であり、大海となった始めの一露《いちろ》である。二人、三人、十人、百人と広がり、一国、二国、六十六カ国、さらに（壱岐《いき》・対馬《つしま》の）二島にまで及《およ》んでいるであろう。今は、日蓮を謗《そし》っていた人たちも題目を唱《とな》えているだろう。また、日本国の上一人《かみいちにん》より下万民《しもばんみん》に至《いた》るまで、法華経の神力品《じんりきほん》に説《と》かれている通り、一同に南無妙法蓮華経と唱えることもあるだろう。

*

> 大事《だいじ》には小瑞《しょうずい》なし。大悪《だいあく》おこれ《起》ば大善《だいぜん》きたる《来》。すでに、大謗法《だいほうぼう》、国《くに》にあり。大《だい》正法《しょうほう》、必《かなら》ずひろまる《広》べし。各々《おのおの》なにをかなげか《歎》せ給《たも》うべき。
>
> ——大悪大善御書、新2145・全1300

大事の起こる前には小さな瑞相《ずいそう》はない。大悪が起これば大善《だいぜん》がくる。すでに大謗《だいほう》法《ぼう》が国にある。それゆえ、大正法《だいしょうほう》は必《かなら》ず広まるであろう。あなたたちは何を嘆《なげ》かれることがあろうか。

＊

末法《まっぽう》にして妙法蓮華経《みょうほうれんげきょう》の五字《ごじ》を弘《ひろ》めん者《もの》は、男女《なんにょ》はきらう《嫌》べからず、皆地涌《みなじゆ》の菩薩《ぼさつ》の出現《しゅつげん》にあらずんば唱《とな》えがたき題目《だいもく》なり。日蓮一人《にちれんいちにん》はじめは南無妙法蓮華《なんみょうほうれんげ》経《きょう》と唱《とな》えしが、二人《ににん》・三人《さんにん》・百人《ひゃくにん》と次第《しだい》に唱《とな》えつたう《伝》るなり。未来《みらい》もまたしかるべし。これ、あに地涌《じゆ》の義《ぎ》にあらずや。あまつさえ、広宣流布《こうせんるふ》の時《とき》は、日本一《にほんいち》同《どう》に南無妙法蓮華経《なんみょうほうれんげきょう》と唱《とな》えんことは、大地《だいち》を的《まと》とするなるべし。

——諸法実相抄、新1791・全1360

末法《まっぽう》において妙法蓮華経の五字を弘《ひろ》める者は、男女の分け隔《へだ》てをしてはならない。皆《みな》、地涌《じゆ》の菩薩《ぼさつ》が出現《しゅつげん》した人々でなければ唱《とな》えることのできない題目なのである。始めは日蓮一人が南無妙法蓮華経と唱えたが、二人、三人、百人と、次第《しだい》に唱え伝《つた》えてきたのである。未来《みらい》もまた同じであろう。これこそ「地涌の義《ぎ》」ではないだろうか。それぱかりか、広宣流布《こうせんるふ》の時は、日本中が一同に南無妙法蓮華経と唱えることは、大地を的《まと》とするように確《たし》かなことである。

＊

「大願《だいがん》」とは、法華弘通《ほっけぐつう》なり。

――御義口伝、新1027・全736

「大願《だいがん》」とは、法華弘通《ほっけぐつう》すなわち広宣流布《こうせんるふ》である。

□折《しゃく》伏《ぶく》

ただ我《わ》が信《しん》ずるのみにあらず、また他《た》の誤《あやま》りをも誡《いまし》めんのみ。

——立正安国論、新45・全33

ただ自分一人が信《しん》じるだけではなく、他の人々の誤《あやま》りをも制止《せいし》していこう。

*

夫《そ》れ、摂受《しょうじゅ》・折伏《しゃくぶく》と申《もう》す法門《ほうもん》は、水火《すいか》のごとし。火《ひ》は水《みず》をいとう《厭》。水《みず》は火《ひ》をにくむ《憎》。摂受《しょうじゅ》の者《もの》は折伏《しゃくぶく》をわらう《笑》。折伏《しゃくぶく》の者《もの》は摂受《しょうじゅ》をかなしむ《悲》。

無智《むち》・悪人《あくにん》の国土《こくど》に充満《じゅうまん》の時《とき》は、摂受《しょうじゅ》を前《さき》とす。安楽行品《あんらくぎょうほん》のごとし。邪智《じゃち》・謗法《ほうぼう》の者《もの》の多《おお》き時《とき》は、折伏《しゃくぶく》を前《さき》とす。常不軽品《じょうふきょうほん》のごとし。

——開目抄、新118・全235

そもそも、摂受《しょうじゅ》・折伏《しゃくぶく》という法門《ほうもん》は、水と火のようなものである。火は水を嫌《きら》う。水は火を憎《にく》む。摂受を行ずる者は折伏を笑《わら》う。折伏を行ずる者は摂受を悲しむ。無智《むち》の者や悪人が国土《こくど》に充満《じゅうまん》している時は、摂受《しょうじゅ》を第一とする。（法華経の）安楽《あんらく》行品《ぎょうほん》に説《と》かれる通りである。邪智《じゃち》の者や謗法《ほうぼう》の者が多い時は、折伏《しゃくぶく》を第一とする。常不軽品《じょうふきょうほん》に説かれる通りである。

＊

謗法《ほうぼう》の者《もの》に向《む》かっては、一向《いっこう》に法華経《ほけきょう》を説《と》くべし。毒鼓《どっく》の縁《えん》と成《な》さんがためなり。

——教機時国抄、新478・全438

謗法《ほうぼう》の者に対しては、ひたすらに法華経を説《と》くべきである。毒鼓《どっく》の縁《えん》を結《むす》ぶ（＝逆縁《ぎゃくえん》の功徳《くどく》で成仏《じょうぶつ》の因《いん》を作る）ためである。

*

一乗流布《いちじょうるふ》の時《とき》は、権教有《ごんきょうあ》って敵《かたき》と成《な》ってまぎらわしくば、実教《じっきょう》よりこれを責《せ》むべし。これを、摂折二門《しょうしゃくにもん》の中《なか》には、法華経《ほけきょう》の折伏《しゃくぶく》と申《もう》すなり。天台云《てんだいい》わく「法華《ほっけ》の折伏《しゃくぶく》は権門《ごんもん》の理《り》を破《は》す」。まことに故《ゆえ》あるかな。

しかるに、摂受《しょうじゅ》たる四安楽《しあんらく》の修行《しゅぎょう》を今《いま》の時行《ときぎょう》ずるならば、冬種子《ふゆたね》を下《お》ろして春《はる》菓《このみ》を求《もと》むる者《もの》にあらずや。鶏《にわとり》の暁《あかつき》に鳴《な》くは用《よう》なり、宵《よい》に鳴《な》くは物怪《もっけ》なり。権実《ごんじつ》雑乱《ぞうらん》の時《とき》、法華経《ほけきょう》の御敵《おんかたき》を責《せ》めずして、山林《さんりん》に閉《と》じ籠《こ》もり摂受《しょうじゅ》を修行《しゅぎょう》せんは、あに法華経修行《ほけきょうしゅぎょう》の時《とき》を失《うしな》う物怪《もっけ》にあらずや。

——如説修行抄、新603・全503

成仏《じょうぶつ》のための唯一《ゆいいつ》の教え（法華経）が広まる時に、権教《ごんきょう》が敵となって、法《ほう》の正邪《せいじゃ》が紛《まぎ》らわしければ、実教《じっきょう》の立場から権教の誤《あやま》りを責《せ》めるべきである。これを摂受《しょうじゅ》・折《しゃく》伏《ぶく》という二つの修行《しゅぎょう》の中では、法華経の折伏というのである。天台《てんだい》が「法華経の折《しゃく》伏《ぶく》は、権教《ごんきょう》の理を打ち破《やぶ》る」と述《の》べているのは、まことに理由のあることであろう。

それなのに、摂受《しょうじゅ》である法華経安楽行品《あんらくぎょうほん》に説《と》かれる四つの安楽行を、今の時に実《じっ》践《せん》するならば、それは冬に種《たね》を蒔《ま》いて春に収穫《しゅうかく》を得《え》ようとするようなものではないか。鶏《にわとり》は、夜明けに鳴くので役に立つ。日暮《ひぐ》れに鳴けば化け物である。権教《ごんきょう》と実教《じっきょう》とが入り乱《みだ》れている時に、法華経の敵を責《せ》めずに、山林に閉《と》じこもり摂受《しょうじゅ》を修行《しゅぎょう》しているのは、まさしく、法華経修行の時を見失《みうしな》った化け物ではないか。

*

とてもかくても法華経《ほけきょう》を強《し》いて説《と》き聞《き》かすべし。信《しん》ぜん人《ひと》は仏《ほとけ》になる《成》べし。謗《ぼう》ぜん者《もの》は毒鼓《どっく》の縁《えん》となって仏《ほとけ》になるべきなり。いかにとしても、仏《ほとけ》の種《たね》は法《ほ》華経《けきょう》より外《ほか》になきなり。

——法華初心成仏抄、新697・全552

とにもかくにも法華経を強《し》いて説《と》き聞かせるべきである。信《しん》じる人は仏になる。謗《そし》る者は毒鼓《どっく》の縁《えん》となって仏になるのである。どちらにしても、仏になる種《たね》は法華経より他《ほか》にないのである。

*

法自《ほうおの》ずから弘《ひろ》まらず、人法《にんほう》を弘《ひろ》むるが故《ゆえ》に、人法《にんぽう》ともに尊《たっと》し。

——百六箇抄、新２２００・全８５６

法《ほう》が自然《しぜん》と広まることはなく、人が法を弘《ひろ》めていくゆえに、人も法もともに尊《とうと》いのである。

*

かかる者《もの》の弟子《でし》檀那《だんな》とならん人々《ひとびと》は、宿縁《しゅくえん》ふかしと思《おも》って、日蓮《にちれん》と同《おな》じく法華《ほけ》経《きょう》を弘《ひろ》むべきなり。法華経《ほけきょう》の行者《ぎょうじゃ》といわれぬること、はや不祥《ふしょう》なり、まぬ《免》かれがたき身《み》なり。

——寂日房御書、新１２７０・全９０３

このような日蓮の弟子《でし》檀那《だんな》となる人々は、宿縁《しゅくえん》が深いと思って、日蓮と同じく法華経を弘《ひろ》めるべきである。（末法《まっぽう》の悪世《あくせ》で、あなたたちが）法華経の行者《ぎょうじゃ》と言われていることは、もはや（世間の基準《きじゅん》からいえば）不運《ふうん》なことであり、免《まぬか》れがたい身である。

＊

しかるに、日蓮《にちれん》、世《よ》を恐《おそ》れてこれを言《い》わずんば、仏敵《ぶってき》とならんか。したがって、章安大師《しょうあんだいし》、末代《まつだい》の学者《がくしゃ》を諫暁《かんぎょう》して云《い》わく「仏法《ぶっぽう》を壊乱《えらん》するは、仏法《ぶっぽう》の中《なか》の怨《あだ》なり。慈《じ》無《な》くして詐《いつわ》り親《した》しむは、これ彼《か》の人《ひと》の怨《あだ》なり。能《よ》く糾治《きゅうじ》せんは、即《すなわ》ちこれ彼《かれ》が親《おや》なり」等云々《とううんぬん》。

――大田殿許御書、新1365・全1003

それなのに、日蓮が世間を恐《おそ》れてこのこと（＝天台宗《てんだいしゅう》や真言宗《しんごんしゅう》などが誤《あやま》っていること）

を言わなければ、仏の敵《かたき》となってしまうだろう。したがって、章安大師《しょうあんだいし》は後世《こうせい》の学者を諌《いさ》めて、「仏法を破壊《はかい》し乱《みだ》す者は仏法の中の敵である。慈悲《じひ》がなくて偽《いつわ》って親しくするのは、その人にとって敵である。その悪を糺《ただ》し退治《たいじ》するのが、その人の親である」と言っている。

*

涅槃経《ねはんぎょう》に云《い》わく「もし善比丘《ぜんびく》あって、法《ほう》を壊《やぶ》る者《もの》を見《み》て、置《お》いて、呵責《かしゃく》し駆遣《くけん》し挙処《こしょ》せずんば、当《まさ》に知《し》るべし、この人《ひと》は仏法《ぶっぽう》の中《なか》の怨《あだ》なり。もし能《よ》く駆遣《くけん》し呵《か》責《しゃく》し挙処《こしょ》せば、これ我《わ》が弟子《でし》、真《しん》の声聞《しょうもん》なり」云々《うんぬん》。この文《もん》の中《なか》に、「法《ほう》を壊《やぶ》る者《もの》を見《み》て」の「見《み》て」と、「置《お》いて、呵責《かしゃく》せずんば」の「置《お》いて」とを能《よ》く能《よ》く心腑《しんぷ》に染《そ》むべきなり。法華経《ほけきょう》の敵《かたき》を見《み》ながら、置《お》いてせめ《責》ずんば、師檀《しだん》ともに無《む》間《けん》地《じ》獄《ごく》は疑《うたが》いなかるべし。

――曽谷殿御返事(成仏用心抄)、新1434・全1056

涅《ね》槃《はん》経《ぎょう》には「もし善《ぜん》比《び》丘《く》がいて、仏法を破《は》壊《かい》する者を見ながら、それを放《ほう》置《ち》して、責《せ》め立て追い立て罪《つみ》を明《めい》確《かく》に挙《あ》げて糾《きゅう》弾《だん》しなければ、まさにこの人は仏法の中の敵《かたき》であると知らなければならない。もしよく追い立て責め立て罪を明確に挙げて糾弾するなら、この人は私の弟《で》子《し》であり、真の声《しょう》聞《もん》である」と説《と》かれている。この文の中に、「仏法を破壊する者を見ながら」の「見」の字と、「放置して、責め立てない」の「置」の字を、よくよく心に刻《きざ》みなさい。

法華経の敵を見ながら、放《ほう》置《ち》して、責《せ》めなければ、師《し》匠《しょう》も弟《で》子《し》もともに無《む》間《けん》地《じ》獄《ごく》に堕《お》ちることは疑《うたが》いない。

*

正法《しょうほう》をひろむることは、必《かなら》ず智人《ちじん》によるべし。

——四条金吾殿御返事（智人弘法の事）、新1561・全1148

正法《しょうほう》を弘《ひろ》めることは、必《かなら》ず智人《ちじん》によって実現《じつげん》できる。

＊

和《やわ》らかに、また強《つよ》く、両眼《りょうがん》を細《ほそ》めに見《み》、顔貌《かおかたち》に色《いろ》を調《ととの》えて閑《しず》かに言上《ごんじょう》すべし。

——教行証御書、新1673・全1280

（現証《げんしょう》を踏《ふ》まえた正しい主張《しゅちょう》を）穏《おだ》やかに、また力強く、両目を細くして、顔色をととのえて静《しず》かに言うべきである。

*

迹門《しゃくもん》には「我《われ》は身命《しんみょう》を愛《あい》せず、ただ無上道《むじょうどう》を惜《お》しむのみ」ととき説、本門《ほんもん》には「自《みずか》ら身命《しんみょう》を惜《お》しまず」ととき、涅槃経《ねはんぎょう》には「身《み》は軽《かる》く法《ほう》は重《おも》し。身《み》を死《ころ》して法《ほう》を弘《ひろ》む」と見《み》えたり。本迹両門《ほんじゃくりょうもん》、涅槃経《ねはんぎょう》、共《とも》に身命《しんみょう》を捨《す》てて法《ほう》を弘《ひろ》むべしと見《み》えたり。

――松野殿御返事（十四誹謗の事）、新1993・全1386

法華経迹門《しゃくもん》（勧持品《かんじほん》）には「私たちは身命《しんみょう》に愛着《あいちゃく》せず、ただ最高《さいこう》の覚《さと》りだけを惜《お》しむ」と説《と》かれ、本門《ほんもん》（寿量品《じゅりょうほん》）には「自ら身命を惜しまない」と説かれ、涅槃経《ねはんぎょう》には「身は軽く法《ほう》は重い。ゆえに身を捧《ささ》げて法を弘《ひろ》める」とある。法華経の本迹両門《ほんじゃくりょうもん》も涅槃経も、ともに身命を捨《す》てて法を弘めるべきであると説いている。

*

いかなる大善《だいぜん》をつくり、法華経《ほけきょう》を千万部《せんまんぶ》読《よ》み書写《しょしゃ》し、一念三千《いちねんさんぜん》の観道《かんどう》を得《え》たる人《ひと》なりとも、法華経《ほけきょう》のかたき《敵》をだにもせめ《責》ざれば得道《とくどう》あり《有》がた《難》し。

——南条兵衛七郎殿御書、新1826・全1494

どのような大善《だいぜん》をつくり、法華経を千万部読み、書写《しょしゃ》し、一念三千《いちねんさんぜん》の観心《かんじん》の道を得《え》た人であっても、法華経の敵《かたき》を責《せ》めなければ得道《とくどう》はできない。

□求道（行学《ぎょうがく》の二道）

我《わ》が門家《もんけ》は、夜《よる》は眠《ねむ》りを断《た》ち昼《ひる》は暇《いとま》を止《とど》めてこれを案《あん》ぜよ。一生空《いっしょうむな》しく過《す》ごして万歳悔《ばんざいく》ゆることなかれ。

――富木殿御書（止暇断眠御書）、新1324・全970

わが一門の者は、夜は眠《ねむ》りを断《た》ち、昼は暇《いとま》なく、このこと（＝邪見《じゃけん》の悪侶《あくりょ》が正法《しょうほう》を破壊《はかい》する根源《こんげん》の悪であること）を思案《しあん》しなさい。一生を空《むな》しく過《す》ごして、万年にわたり悔《く》いることがあってはならない。

＊

この大法《だいほう》を弘通《ぐつう》せしむるの法《ほう》には、必《かなら》ず一代《いちだい》の聖教《しょうぎょう》を安置《あんち》し八宗《はっしゅう》の章疏《しょうしょ》を習《しゅう》学《がく》すべし。

——曽谷入道殿許御書、新1408・全1038

この大法《だいほう》を弘通《ぐつう》するには、必《かなら》ず釈尊《しゃくそん》が一生の間に説《と》いた経典《きょうてん》を手元に置《お》いて、八《はっ》宗《しゅう》の仏典《ぶってん》の教義書《きょうぎしょ》・注釈書《ちゅうしゃくしょ》を学ばなければならない。

*

行学《ぎょうがく》の二道《にどう》をはげ《励》み候《そうろう》べし。行学《ぎょうがく》た《絶》えなば仏法《ぶっぽう》はあるべからず。我《われ》もいたし、人《ひと》をも教化《きょうけ》候《そうら》え。行学《ぎょうがく》は信心《しんじん》よりおこ《起》るべく候《そうろう》。力《ちから》あらば一文一句《いちもんいっく》なりともかた《語》らせ給《たも》うべし。

——諸法実相抄、新1793・全1361

行学《ぎょうがく》の二道を励《はげ》んでいきなさい。行学が絶《た》えてしまえば仏法はない。自分も行い、人をも教化《きょうけ》していきなさい。行学は信心《しんじん》から起こる。力があるならば一文一句であっても人に語っていきなさい。

＊

末法《まっぽう》のきょう今日このごろ頃法華経《ほけきょう》の一句一偈《いっくいちげ》のいわれ謂をも尋《たず》ね問《と》う人《ひと》はありが有難たし。

——妙法尼御前御返事（一句肝心の事）、新２０９８・全１４０２

末法《まっぽう》の今日《こんにち》において、法華経の一句一偈《いちげ》の意義《いぎ》を尋《たず》ね問う人はまれであり尊《とうと》い。

＊

法門《ほうもん》のことは、さどの国《くに》へながされ候《そうら》いし已前《いぜん》の法門《ほうもん》は、ただ仏《ほとけ》の爾前《にぜん》の経《きょう》とおぼしめせ。
——三沢抄、新2013・全1489

（日蓮の）法門《ほうもん》について、佐渡《さど》へ配流《はいる》された以前《いぜん》の法門は、仏の爾前経《にぜんきょう》のようなものであると思いなさい。

*

法華経《ほけきょう》の法門《ほうもん》をきくにつけてなおなお信心《しんじん》をはげむを、まことの道心者《どうしんじゃ》とは申《もう》すなり。天台云《てんだいい》わく「従藍而青《じゅうらんにしょう》（藍《あい》よりして、しかも青《あお》し）」云々《うんぬん》。この釈《しゃく》の心《こころ》は、あいは葉《は》のときよりも、なおそむればいよいよあおし。法華経《ほけきょう》はあいのごとし、修行《しゅぎょう》のふかき《深》はいよいよあおき《青》がごとし。

——上野殿後家尼御返事、新1834・全1505

法華経の法門《ほうもん》を聞くたびに、ますます信心《しんじん》に励《はげ》んでいく人を、真の求道《きゅうどう》の人というのである。

天台《てんだい》は「青は藍《あい》から出て、藍よりも青い」と述《の》べている。この言葉の意味は、植物の藍は、その葉からとった染料《せんりょう》で重ねて染《そ》めれば、葉の時よりも、ますます青みが深まるということである。法華経は藍のようなもので、修行《しゅぎょう》が深まるのは、ますます青くなるようなものである。

□ 功《く》徳《どく》

妙楽云《みょうらくい》わく「もし悩乱《のうらん》する者《もの》は頭七分《こうべしちぶん》に破《わ》れ、供養《くよう》することあらん者《もの》は福十号《ふくじゅうごう》に過《す》ぐ」。

——四信五品抄、新270・全342

妙楽《みょうらく》は、「毀謗《きぼう》する者は頭が七分に破《やぶ》れ、供養《くよう》する者は、その福は十号《じゅうごう》（＝仏の持つ十種《じっしゅ》の尊称《そんしょう》）の仏を供養する福を超《こ》えるであろう」と記している。

＊

この娑婆世界《しゃばせかい》は耳根得道《にこんとくどう》の国《くに》なり。以前《いぜん》に申《もう》すごとく、「当《まさ》に知《し》るべし、身《しん》土《ど》」云々《うんぬん》。一切衆生《いっさいしゅじょう》の身《み》に百界千如《ひゃっかいせんにょ》・三千世間《さんぜんせけん》を納《おさ》むる謂《いわ》れを明《あ》かすが故《ゆえ》に、これを耳《みみ》に触《ふ》るる一切衆生《いっさいしゅじょう》は功徳《くどく》を得《う》る衆生《しゅじょう》なり。

――一念三千法門、新363・全415

この娑婆世界《しゃばせかい》は耳根得道《にこんとくどう》の国である。以前《いぜん》に述《の》べたように、(妙楽《みょうらく》の『止観輔行伝弘決《しかんぶぎょうでんぐけつ》』に)「まさに身土《しんど》は一念三千《いちねんさんぜん》であると知るべきである」とある。(妙法蓮華経は)一切衆生《いっさいしゅじょう》の身に百界千如《ひゃっかいせんにょ》・三千世間《さんぜんせけん》を納《おさ》める理由を明かしているがゆえに、妙法蓮華経を耳に触《ふ》れる一切衆生は功徳《くどく》を得《え》る衆生である。

*

今《いま》、日蓮等《にちれんら》の類《たぐ》い、南無妙法蓮華経《なんみょうほうれんげきょう》と信受《しんじゅ》・領納《りょうのう》する故《ゆえ》に、「無上宝聚《むじょうほうじゅ》　不求《ふぐ》自得《じとく》（無上《むじょう》の宝聚《ほうじゅ》は、求《もと》めざるに自《おの》ずから得《え》たり）」の大宝珠《だいほうしゅ》を得《う》るなり。

——御義口伝、新1012・全725

今、日蓮およびその弟子《でし》たちが南無妙法蓮華経と信《しん》じ唱《とな》えるがゆえに、（法華経信《しん》解品《げほん》に説《と》かれる）「これ以上《いじょう》ないという宝《たから》を、求《もと》めることなく自《おの》ずから得《え》た」という大《だい》宝珠《ほうしゅ》を得《え》るのである。

＊

「功徳《くどく》」とは、「六根清浄《ろっこんしょうじょう》」の果報《かほう》なり。詮《せん》ずるところ、今《いま》、日蓮等《にちれんら》の類《たぐ》い、南《な》無妙法蓮華経《んみょうほうれんげきょう》と唱《とな》え奉《たてまつ》る者《もの》は、「六根清浄《ろっこんしょうじょう》」なり。されば、妙法蓮華経《みょうほうれんげきょう》の法師《ほっし》と成《な》って大《おお》いなる徳《さいわ》い有《あ》るなり。「功《く》」も幸《さいわ》いということなり。または、悪《あく》を滅《めっ》するを「功《く》」と云《い》い、善《ぜん》を生《しょう》ずるを「徳《とく》」と云《い》うなり。「功徳《くどく》」とは、即身成仏《そくしんじょうぶつ》なり。また「六根清浄《ろっこんしょうじょう》」なり。

——御義口伝、新1062・全762

「功徳《くどく》」とは、「六根清浄《ろっこんしょうじょう》」の果報《かほう》である。所詮《しょせん》、今、日蓮およびその弟子《でし》たちのように、南無妙法蓮華経と唱《とな》える者は、「六根清浄」となる。したがって、妙法蓮華経の法《ほう》を行じ、弘《ひろ》める師《し》となって、大いなる徳《とく》があるのである。

「功《く》」は幸いということである。または、悪を滅《めっ》するを「功」といい、善《ぜん》を生《しょう》ずるを「徳《とく》」というのである。「功徳《くどく》」とは即身成仏《そくしんじょうぶつ》であり、また「六根清浄《ろっこんしょうじょう》」である。

*

「陰徳《いんとく》あれば陽報《ようほう》あり」

——陰徳陽報御書、新1613・全1178

陰徳《いんとく》があれば、必《かなら》ず陽報《ようほう》がある。

*

金《こがね》はや《焼》けばいよいよ色《いろ》ま《勝》さり、剣《つるぎ》はと《研》げばいよいよ利《と》くなる。法華経《ほけきょう》の功徳《くどく》は、ほ《讃》むればいよいよ功徳《くどく》まさる。

——妙密上人御消息、新1713・全1241

*

金は焼《や》けばいよいよ色が良《よ》くなり、剣《つるぎ》は研《と》げばいよいよ良く切れるようになる。（同じように）法華経の功徳《くどく》をたたえれば、ますます功徳は勝《まさ》っていく。

かかる御本尊《ごほんぞん》を供養《くよう》し奉《たてまつ》り給《たも》う女人《にょにん》、現在《げんざい》には幸《さいわ》いをまね《招》き、後生《ごしょう》には、この御本尊《ごほんぞん》、左右前後《さゆうぜんご》に立《た》ちそい《添》て、闇《やみ》に灯《ともしび》のごとく、険難《けんなん》の処《ところ》に強力《ごうりき》を得《え》たるがごとく、かしこへまわり《回》ここへより《寄》、日女御前《にちにょごぜん》をかこみ《囲》まぼり《守》給《たも》うべきなり。

——日女御前御返事（御本尊相貌抄）、新２０８７・全１２４４

このような尊《とうと》い御本尊《ごほんぞん》へ御供養《ごくよう》される女性《じょせい》は、今世《こんぜ》では、幸福を招《まね》き寄《よ》せ、後生《ごしょう》には、この御本尊が、左右前後に立ち添《そ》って、あたかも闇夜《やみよ》に明るいともしびを得《え》るように、また険《けわ》しい山道で強力《ごうりき》（＝荷物を持ち、案内《あんない》をする人）を得るように、あちらへ回り、こちらに寄り添って、日女御前《にちにょごぜん》の周《まわ》りを囲《かこ》み、守ってくださるであろう。

＊

「かくれ《隠》ての信《しん》あれば、あらわ《顕》れての徳《とく》あるなり」

――上野殿御消息（四徳四恩の事）、新1850・全1527

目に見えないところでの誠意《せいい》があれば、目に見える福徳《ふくとく》となって現《あらわ》れるものである。

＊

須弥山《しゅみせん》に近《ちか》づく鳥《とり》は金色《こんじき》となるなり。

――本尊供養御書、新1863・全1536

須弥山《しゅみせん》に近づく鳥は金色となる。

法華経《ほけきょう》を持《たも》ちまいらせぬれば、八寒地獄《はっかんじごく》の水《みず》にもぬ《濡》れず、八熱地獄《はちねつじごく》の大火《だいか》にも焼《や》けず。法華経《ほけきょう》の第七《だいなな》に云《い》わく「火《ひ》も焼《や》くこと能《あた》わず、水《みず》も漂《ただよ》わすこと能《あた》わず」等云々《とううんぬん》。

――本尊供養御書、新1863・全1536

*

法華経を持《たも》つならば、八寒地獄《はっかんじごく》の水にも濡《ぬ》れず、八熱《はちねつ》地獄の大火にも焼《や》けない。法華経の第七の巻（薬王品《やくおうほん》）に「火も焼くことができないし、水も漂《ただよ》わすことができない」と説《と》かれている。

*

釈迦仏《しゃかぶつ》は「我《われ》を無量《むりょう》の珍宝《ちんぽう》をもって億劫《おくごう》の間《あいだ》供養《くよう》せんよりは、末代《まつだい》の法華経《ほけきょう》の行者《ぎょうじゃ》を一日《いちにち》なりとも供養《くよう》せん功徳《くどく》は百千万億倍《ひゃくせんまんおくばい》過《す》ぐべし」とこそ説《と》かせ給《たま》いて候《そうろう》。

——南条殿御返事（法妙人貴の事）、新1923・全1578

釈尊《しゃくそん》は「私を、無量《むりょう》の珍宝《ちんぽう》をもって、億劫《おくごう》という果《は》てしなく長い間、供養《くよう》するよりも、末法《まっぽう》の法華経の行者《ぎょうじゃ》を、たとえ一日でも供養する功徳《くどく》のほうが、百千万億倍も勝《すぐ》れている」と説《と》いておられる。

*

彼《かれ》は国王《こくおう》、これは卑賤《ひせん》。彼《かれ》は国《くに》の畏《おそ》れ無《な》し、これは勅勘《ちょっかん》の身《み》なり。これは末代《まつだい》の凡女《ぼんにょ》、彼《かれ》は上代《じょうだい》の聖人《しょうにん》なり。志《こころざし》既《すで》に彼《かれ》に超過《ちょうか》せり。来果《らいか》何《なん》ぞ斉等《さいとう》ならざらんや、斉等《さいとう》ならざらんや。

――妙一尼御返事、新1693 ※新規収録

彼《か》の人（＝釈尊《しゃくそん》）は国王であり、こちらは卑《いや》しい身である。彼の人は国に恐《おそ》れるものは無《な》く、こちらは国から処罰《しょばつ》を受けた身である。そして、こちら（＝妙一尼《みょういちあま》）は末《まっ》代《だい》の凡夫《ぼんぷ》の女性《じょせい》であり、彼の人ははるか昔の聖人《しょうにん》である。あなたの志《こころざし》はすでに彼の人を超《こ》えている。未来《みらい》の果報《かほう》がどうして同じでないことがあるだろうか、同じでないことがあるだろうか。

□謗法《ほうぼう》のいましめ

謗法《ほうぼう》と申《もう》すは違背《いはい》の義《ぎ》なり。随喜《ずいき》と申《もう》すは随順《ずいじゅん》の義《ぎ》なり。

――唱法華題目抄、新6・全4

謗法《ほうぼう》とは正法《しょうほう》に違《たが》い背《そむ》くことである。随喜《ずいき》とは正法に従《したが》うことである。

*

謗法《ほうぼう》を責《せ》めずして成仏《じょうぶつ》を願《ねが》わば、火《ひ》の中《なか》に水《みず》を求《もと》め、水《みず》の中《なか》に火《ひ》を尋《たず》ぬるがごとくなるべし。はかなし、はかなし。いかに法華経《ほけきょう》を信《しん》じ給《たも》うとも、謗法《ほうぼう》あらば必《かなら》ず地獄《じごく》におつ《堕》べし。うるし《漆》千《せん》ばい《杯》に蟹《かに》の足《あし》一《ひと》つ入《い》れたらんがごとし。「毒気《どっけ》は深《ふか》く入《い》って、本心《ほんしん》を失《うしな》えるが故《ゆえ》に」はこれなり。

――曽谷殿御返事（成仏用心抄）、新1435・全1056

謗法《ほうぼう》を責《せ》めないで成仏《じょうぶつ》を願《ねが》うのであれば、火の中に水を求《もと》め、水の中に火を尋《たず》ねるようなものである。あまりにも、はかないことである。

どれほど法華経を信《しん》じていても、謗法《ほうぼう》があるなら、必《かなら》ず地獄《じごく》に堕《お》ちるのである。千杯分《せんばいぶん》の漆《うるし》の中に蟹《かに》の足を一つ入れたようなものである。（法華経寿量品《じゅりょうほん》に）「毒気《どっけ》が深く入って本心を失《うしな》ったからである」とあるのは、このことである。

*

「…ある人《ひと》これを分《わ》かちて云《い》わく、先《さき》に悪因《あくいん》を列《つら》ね、次《つぎ》に悪果《あっか》を列《つら》ぬ。悪因《あくいん》に十四《じゅうし》あり。一《いち》に憍慢《きょうまん》、二《に》に懈怠《けたい》、三《さん》に計我《けが》、四《し》に浅識《せんしき》、五《ご》に著欲《じゃくよく》、六《ろく》に不解《ふげ》、七《しち》に不信《ふしん》、八《はち》に顰蹙《ひんしゅく》、九《きゅう》に疑惑《ぎわく》、十《じゅう》に誹謗《ひぼう》、十一《じゅういち》に軽善《きょうぜん》、十二《じゅうに》に憎善《ぞうぜん》、十三《じゅうさん》に嫉《しっ》善《ぜん》、十四《じゅうし》に恨善《こんぜん》なり」。この十四《じゅうし》誹謗《ひぼう》は在家《ざいけ》・出家《しゅっけ》に亘《わた》るべし。恐《おそ》るべし、恐《おそ》るべし。

——松野殿御返事（十四誹謗の事）、新1987・全1382

「…ある人（＝中国唐代《ちゅうごくとうだい》の僧《そう》・慈恩《じおん》）は、この悪の数を分けて、次のように説《と》いている。『先に謗法《ほうぼう》の悪因《あくいん》を列挙《れっきょ》し、次に悪果《あっか》を述《の》べてみる。まず悪因には十四の謗法がある。一に憍慢《きょうまん》、二に懈怠《けたい》、三に計我《けが》、四に浅識《せんしき》、五に著欲《じゃくよく》、六に不解《ふげ》、七に不《ふ》信《しん》、八に顰蹙《ひんしゅく》、九に疑惑《ぎわく》、十に誹謗《ひぼう》、十一に軽善《きょうぜん》、十二に憎善《ぞうぜん》、十三に嫉善《しつぜん》、十四に恨善《こんぜん》である』」とある。この十四《じゅうし》誹謗《ひぼう》は、在家《ざいけ》・出家《しゅっけ》の両方にわたるものである。くれぐれも恐《おそ》れるべきである。

□信仰者《しんこうしゃ》の姿勢《しせい》

ただ法門《ほうもん》をもって邪正《じゃしょう》をただす《糾》べし。利根《りこん》と通力《つうりき》とにはよる《依》べからず。

——唱法華題目抄、新23・全16

ただ法門《ほうもん》をもって邪正《じゃしょう》を糾《ただ》すべきである。利根《りこん》（＝五感などが優《すぐ》れていること）や通《つう》力《りき》（＝超人的《ちょうじんてき》な能力《のうりょく》）によるべきではない。

*

「浅《あさ》きは易《やす》く深《ふか》きは難《かた》しとは、釈迦《しゃか》の所判《しょはん》なり。浅《あさ》きを去《さ》って深《ふか》きに就《つ》くは、丈夫《じょうぶ》の心《こころ》なり。……」

――撰時抄、新182・全271

「浅《あさ》い教えは易《やさ》しく、深い教えは難《むずか》しいとは、釈尊《しゃくそん》による判定《はんてい》である。浅い教えを捨《す》てて深い教えを採用《さいよう》することは、仏の心である……」（と伝教大師《でんぎょうだいし》は記している）。

＊

すべて一代八万《いちだいはちまん》の聖教《しょうぎょう》、三世十方《さんぜじっぽう》の諸《もろもろ》の仏菩薩《ぶつぼさつ》も、我《わ》が心《こころ》の外《ほか》に有《あ》りとはゆめゆめ思《おも》うべからず。しかれば、仏教《ぶっきょう》を習《なら》うといえども、心性《しんしょう》を観《かん》ぜざれば、全《まった》く生死《しょうじ》を離《はな》るることなきなり。もし心外《しんげ》に道《どう》を求《もと》めて万行万善《まんぎょうまんぜん》を修《しゅ》せんは、譬《たと》えば、貧窮《びんぐ》の人《ひと》、日夜《にちや》に隣《となり》の財《たから》を計《かぞ》えたれども、半銭《はんせん》の得分《とくぶん》もなきがごとし。

――一生成仏抄、新317・全383

釈尊《しゃくそん》が一生の間に説《と》いた膨大《ぼうだい》な教えも、三世十方《さんぜじっぽう》のあらゆる仏や菩薩《ぼさつ》たちも、全て自身の心の外にあるとは、決して思ってはならない。したがって、仏の教えを習い実践《じっせん》するといっても、自身に具《そな》わる仏性《ぶっしょう》を見ていかなければ、全《まった》く生死《しょうじ》の苦しみを離《はな》れることはできないのである。もし、心の外に成仏《じょうぶつ》への道を求《もと》めて、あらゆる修行《しゅぎょう》を実践したとしても、それは、例《たと》えば貧《まず》しさに苦しんでいる人が、昼夜、隣人《りんじん》の財産《ざいさん》を数えても、わずかな利益すらも得《え》られないようなものである。

*

「法《ほう》に依《よ》って人《にん》に依《よ》らざれ。義《ぎ》に依《よ》って語《ご》に依《よ》らざれ。智《ち》に依《よ》って識《しき》に依《よ》らざれ。了義経《りょうぎきょう》に依《よ》って不了義経《ふりょうぎきょう》に依《よ》らざれ」

——法華初心成仏抄、新686・全544

「法《ほう》に依《よ》るべきであり人に依ってはならない。義《ぎ》に依るべきであり語に依ってはならない。智《ち》に依るべきであり識《しき》に依ってはならない。了義経《りょうぎきょう》（＝釈尊《しゃくそん》が真意を説《と》いた経）に依るべきであり不《ふ》了義経に依ってはならない」（涅槃経《ねはんぎょう》）。

＊

仏《ほとけ》説《と》いて云《のたま》わく「七宝《しっぽう》をもって三千大千世界《さんぜんだいせんせかい》に布《し》き満《み》つるとも、手《て》の小指《こゆび》をもって仏経《ぶっきょう》に供養《くよう》せんにはしかず」取意《しゅい》。
雪山童子《せっせんどうじ》の身《み》をなげ《投》し、楽法梵志《ぎょうぼうぼんじ》が身《み》の皮《かわ》をはぎ《剥》し、身命《しんみょう》に過《す》ぎたる惜《お》しきもののなければ、これを布施《ふせ》として仏法《ぶっぽう》を習《なら》えば必《かなら》ず仏《ほとけ》とな《成》る。身命《しんみょう》を捨《す》つる人《ひと》、他《た》の宝《たから》を仏法《ぶっぽう》に惜《お》しむべしや。また、財宝《ざいほう》を仏法《ぶっぽう》にお《惜》しまんもの、まさ《勝》る身命《しんみょう》を捨《す》つべきや。

——佐渡御書、新1284・全956

仏（釈尊《しゃくそん》）は「七つの宝《たから》を三千大千世界《さんぜんだいせんせかい》にあふれるほど敷《し》き詰《つ》めて供養《くよう》しても、手の小指を仏や法華経に供養することには及《およ》ばない」（趣意）と説《と》かれている。

雪山童子《せっせんどうじ》が鬼《おに》に身を投げ与《あた》え、楽法梵志《ぎょうぼうぼんじ》が身の皮を剥《は》いだように、命以上《いじょう》に惜《お》しいものはないのだから、その身命《しんみょう》を布施《ふせ》として仏法を修行《しゅぎょう》すれば必《かなら》ず仏となる。

身命《しんみょう》を捨《す》てる人が、他の宝《たから》を仏法のために惜《お》しむだろうか。また、財宝《ざいほう》を仏法のために惜しむような者が、それより大事な命を捨てることができるだろうか。

*

日蓮《にちれん》を信《しん》ずるようなりし者《もの》どもが、日蓮《にちれん》がかくなれば、疑《うたが》いをおこ《起》して法華経《ほけきょう》をすつる《捨》のみならず、かえりて日蓮《にちれん》を教訓《きょうくん》して我賢《われかしこ》しと思《おも》わん僻人等《びゃくにんとう》が、念仏者《ねんぶつしゃ》よりも久《ひさ》しく阿鼻地獄《あびじごく》にあらんこと、不便《ふびん》とも申《もう》すばかりなし。

修羅《しゅら》が「仏《ほとけ》は十八界《じゅうはっかい》、我《われ》は十九界《じゅうきゅうかい》」と云《い》い、外道《げどう》が云《い》わく「仏《ほとけ》は一究竟道《いちくきょうどう》、我《われ》は九十五《きゅうじゅうご》究竟道《くきょうどう》」と云《い》いしがごとく、「日蓮《にちれん》御房《ごぼう》は師匠《ししょう》にてはおわせども余《あま》りにこわ《強》し。我《われ》らはやわらか《柔》に法華経《ほけきょう》を弘《ひろ》むべし」と云《い》わんは、蛍火《ほたるび》が日月《にちがつ》をわら《笑》い、蟻塚《ありづか》が華山《かざん》を下《くだ》し、井江《せいこう》が河海《かかい》をあなず《侮》り、烏鵲《かささぎ》が鸞鳳《らんほう》をわら《笑》うなるべし、わらうなるべし。

――佐渡御書、新1291・全960

日蓮を信《しん》じているようであって、日蓮がこのような（佐渡流罪《さどるざい》の）身になると、疑《うたが》いを起こして法華経を捨《す》てるだけでなく、かえって日蓮を教え諭《さと》して、自分のほうが賢《かしこ》いと思っているような愚《おろ》か者たちが、念仏者《ねんぶつしゃ》よりも長く阿鼻地獄《あびじごく》にいるであろうことは、ふびんとしか言いようがない。

阿修羅《あしゅら》が「仏は十八界を説《と》くが、私は十九界である」などと言い、外道《げどう》が「仏は一究竟道《いちくきょうどう》、私は九十五究竟道である」などと言ったのと同じように、（この愚《おろ》か者たちが）「日蓮御房《ごぼう》は師匠《ししょう》ではいらっしゃるけれども、あまりにも強引《ごういん》である。私たちは柔《やわ》らかに法華経を弘《ひろ》めよう」などと言っているのは、蛍火《ほたるび》のようなかすかな光が太陽や月の光を笑《わら》い、蟻塚《ありづか》が華山《かざん》（＝中国の名山）の大きさを見下《みくだ》し、井戸《いど》や川が大《たい》河《が》や海の広大さを侮《あなど》り、鵲《かささぎ》（＝カラス科の鳥）が鸞鳳《らんほう》（＝鸞鳥《らんちょう》と鳳凰《ほうおう》）の偉大《いだい》さを笑うようなものである、笑うようなものである。

*

これには総別《そうべつ》の二義《にぎ》あり。総別《そうべつ》の二義《にぎ》少《すこ》しも相《あい》そむ《背》けば、成仏《じょうぶつ》思《おも》いもよらず。輪廻生死《りんねしょうじ》のもとい《基》たらん。

――曽谷殿御返事（成仏用心抄）、新1434・全1055

法華経の付嘱《ふぞく》には、総《そう》付嘱と別《べつ》付嘱の二義《にぎ》がある。この総別《そうべつ》の二義に少しでも背《そむ》くならば、成仏《じょうぶつ》は思いもよらない。生死《しょうじ》の苦悩《くのう》を輪廻《りんね》する原因《げんいん》となるであろう。

*

たといいかなるわずらわしきことありとも、夢《ゆめ》になして、ただ法華経《ほけきょう》のことのみさばくらせ給《たも》うべし。

——兄弟抄、新1481・全1088

たとえ、どんな煩《わずら》わしいことがあっても、夢《ゆめ》の中のこととして、ただ法華経のことだけに専念《せんねん》しなさい。

*

強盛《ごうじょう》の大信力《だいしんりき》をいだして、「法華宗《ほっけしゅう》の四条金吾《しじょうきんご》、四条金吾《しじょうきんご》」と、鎌倉中《かまくらじゅう》の上下《じょうげ》万人《ばんにん》、乃至《ないし》日本国《にほんこく》の一切衆生《いっさいしゅじょう》の口《くち》にうたわれ給《たま》え。あしき名《な》さえ流《なが》す。いわんやよき名《な》をや。いかにいわんや法華経《ほけきょう》ゆえの名《な》をや。

強盛《ごうじょう》の大信力《だいしんりき》を出して、「法華宗《ほっけしゅう》の四条金吾《しじょうきんご》、四条金吾」と、鎌倉中《かまくらじゅう》の上下万人《じょうげばんにん》をはじめ、日本国の一切衆生《いっさいしゅじょう》の口にうたわれていきなさい。人は悪名《あくめい》でさえ流すものだ。まして、善《よ》き名を流すのは当然《とうぜん》である。ましてや、法華経ゆえの名はいうまでもない。

――四条金吾殿御返事（煩悩即菩提の事）、新1522・全1118

*

一切《いっさい》の人《ひと》はにく《憎》まばにくめ、釈迦仏《しゃかぶつ》・多宝仏《たほうぶつ》・十方《じっぽう》の諸仏《しょぶつ》、乃至梵王《ないしぼんのう》・帝釈《たいしゃく》・日月等《にちがつとう》にだにもふびん《不便》とおも《思》われまいらせなば、なにく《苦》るし。法華経《ほけきょう》にだにもほ《褒》められたてまつりなば、なにかくるしかるべき。

——四条金吾殿女房御返事、新1542・全1135

一切《いっさい》の人が憎《にく》むならば憎めばよい、釈迦仏《しゃかぶつ》・多宝仏《たほうぶつ》・十方《じっぽう》の諸仏《しょぶつ》をはじめ、梵《ぼん》天《てん》・帝釈《たいしゃく》・日天《にってん》・月天等《がってんとう》にさえいとおしく思っていただけるならば、何が苦しいことがあるだろうか。法華経（御本尊《ごほんぞん》）にさえ、ほめていただけるならば、何が苦しいことがあるだろうか。

*

いよいよ強盛《ごうじょう》の御志《おんこころざし》あるべし。氷《こおり》は水《みず》より出《い》でたれども、水《みず》よりもすさま《凄》じ。青《あお》きことは藍《あい》より出《い》でたれども、かさ《重》ぬれば藍《あい》よりも色《いろ》まさ《勝》る。同《おな》じ法華《ほけ》経《きょう》にてはおわすれども、志《こころざし》をかさぬれば、他人《たにん》よりも色《いろ》まさり、利生《りしょう》もあるべきなり。

――乙御前御消息、新1690・全1221

いよいよ強盛《ごうじょう》な信心《しんじん》を、起こしていきなさい。氷は水からできたものだが、水よりも冷《つめ》たい。青い色は藍《あい》という草から生まれるが、色を重ねると藍よりも色が鮮《あざ》やかになる。同じ法華経ではあっても、信心を重ねていくならば、他人よりも生命の輝《かがや》きが増《ま》し、利益もあらわれてくるのである。

*

日蓮《にちれん》も信《しん》じ始《はじ》め候《そうら》いし日《ひ》より、毎日《まいにち》これらの勘文《かんもん》を誦《じゅ》し候《そうら》いて、仏天《ぶってん》に祈誓《きせい》し候《そうろう》によりて、種々《しゅじゅ》の大難《だいなん》に遇《あ》うといえども、法華経《ほけきょう》の功力《くりき》、釈尊《しゃくそん》の金言《きんげん》、深重《じんじゅう》なる故《ゆえ》に、今《いま》まで相違《そうい》無《な》く候《そうろう》なり。

それにつけても、法華経《ほけきょう》の行者《ぎょうじゃ》は、信心《しんじん》に退転無《たいてんな》く、身《み》に詐親無《さしんな》く、一切法華《いっさいほけ》経《きょう》にその身《み》を任《まか》せて金言《きんげん》のごとく修行《しゅぎょう》せば、たしかに後生《ごしょう》は申《もう》すに及《およ》ばず、今生《こんじょう》も息災延命《そくさいえんめい》にして勝妙《しょうみょう》の大果報《だいかほう》を得《え》、広宣流布《こうせんるふ》の大願《だいがん》をも成就《じょうじゅ》すべきなり。

──祈禱経送状、新1786・全1357

日蓮も信《しん》じ始めた日から毎日これらの勘文《かんもん》（＝法華経の要文集《ようもんしゅう》）を読誦《どくじゅ》して、仏天《ぶってん》に祈《いの》り誓《ちか》いを立ててきたことによって、種々《しゅじゅ》の大難《だいなん》にあったにもかかわらず、法華経の功力《くりき》と釈尊《しゃくそん》の金言が深重《じんじゅう》であるゆえに、今まで無事《ぶじ》だったのである。

それにつけても、法華経の行者《ぎょうじゃ》は信心《しんじん》において退転《たいてん》なく、身において偽《いつわ》り親しむことなく、一切《いっさい》、法華経に身を任《まか》せて金言の通り修行《しゅぎょう》するなら、確《たし》かに来世はいうまでもなく、今世《こんぜ》においても息災延命《そくさいえんめい》ですぐれた果報《かほう》を得《え》、広宣流布《こうせんるふ》の大願《だいがん》をも成《じょう》就《じゅ》することができるにちがいない。

王地《おうち》に生《う》まれたれば身《み》をば随《したが》えられたてまつるようなりとも、心《こころ》をば随《したが》えられたてまつるべからず。

——撰時抄、新２０４・全２８７

王の治《おさ》める地に生まれたので、身は服従《ふくじゅう》させられるようであったとしても、心は服従させられることはない。

＊

うれしきかな、末法流布《まっぽうるふ》に生《う》まれあえる我《われ》ら。かなしきかな、今度《こんど》この経《きょう》を信《しん》ぜざる人々《ひとびと》。そもそも、人界《にんかい》に生《しょう》を受《う》くるもの《者》、誰《たれ》か無常《むじょう》を免《まぬか》れん。さあらんに

＊

とっては、何《なん》ぞ後世《ごせ》のつとめ《勤》をいたさざらんや。

——新池御書、新2062・全1439

何と嬉《うれ》しいことか、末法《まっぽう》という正法流布《しょうほうるふ》の時に生まれあえた我らは。何と悲《かな》しいことか、この人生で法華経を信《しん》じられない人々は。そもそも人界《にんかい》に生を受けた者で、誰《だれ》が無常《むじょう》を免《まぬか》れることができようか。そのように見たならば、どうして来世のための準備《じゅんび》をしないでいられようか。

*

ただひとえに思《おも》い切《き》るべし。今年《ことし》の世間《せけん》を鏡《かがみ》とせよ。そこばくの人《ひと》の死《し》ぬるに、今《いま》まで生《い》きて有《あ》りつるは、このことにあわ《遇》んためなりけり。これこそ宇治川《うじがわ》を渡《わた》せし所《ところ》よ。これこそ勢多《せた》を渡《わた》せし所《ところ》よ。名《な》を揚《あ》ぐるか、名《な》をく《下》だすかなり。

——弥三郎殿御返事、新2085・全1451

ただひとえに思い切りなさい。今年の世間の様子を鏡《かがみ》としなさい。多くの人が死んだのに、あなた（＝弥三郎《やさぶろう》）が今まで生き永《なが》らえてきたのは、このこと（＝法華経ゆえの難《なん》。具体的《ぐたいてき》には念仏者《ねんぶつしゃ》との法論《ほうろん》）にあうためであったのだ。〝これこそ（戦《たたか》いの要《よう》衝《しょう》として有名な）宇治川《うじがわ》を渡《わた》す所だ。これこそ、瀬田川《せたがわ》を渡す所だ〟と思いなさい。名を挙《あ》げるか、名を下《くだ》すかの勝負所である。

*

その上《うえ》、わずかの小郷《しょうごう》におお《多》くの公事《くじ》せめ《責》あて《当》られて、わが身《み》はのる《乗》べき馬《うま》なし、妻子《さいし》はひき《引》かく《掛》べき衣《ころも》なし。かかる身《み》なれども、法華経《ほけきょう》の行者《ぎょうじゃ》の山中《さんちゅう》の雪《ゆき》にせめ《責》られ、食《じき》とも《乏》しかるらんとおも《思》いやらせ給《たま》いて、ぜに《銭》一貫《いっかん》おく《送》らせ給《たま》えるは、貧女《ひんにょ》がめおと《妻夫》こ二人《ふたり》して一《ひと》つの衣《ころも》をき《着》たりしを乞食《こつじき》にあた《与》え、りた《利咤》が合子《ごうし》の中《なか》なりしひえ《稗》を辟支仏《ひゃくしぶつ》にあた《与》えたりしがごとし。とうと《尊》し、とうとし。

――上野殿御返事（須達長者御書）、新1919・全1575

そのうえ、わずかな所領《しょりょう》なのに、多くの公事《こうじ》（＝年貢《ねんぐ》以外《いがい》の雑税《ざつぜい》や夫役《ぶやく》など）を課《か》せられて、自身は乗る馬もなく、妻子《さいし》は身につける着物もない。

このような身であるのに、法華経の行者《ぎょうじゃ》が山中の雪に苦しめられて、食べるものも乏《とぼ》しいだろうと気遣《きづか》って、銭一貫文《ぜにいっかんもん》を送られたことは、貧《まず》しい女性《じょせい》が夫婦《ふうふ》二人で着ていた、ただ一枚《いちまい》の着物を乞食行《こつじきぎょう》の修行者《しゅぎょうしゃ》に与《あた》え、利咤《りた》（＝阿那律《あなりつ》の過去世《かこせ》の兄）が器《うつわ》の中にあった稗《ひえ》を辟支仏《ひゃくしぶつ》（＝縁覚《えんがく》）に与えたようなものである。尊《とうと》いことである、尊いことである。

＊

「心《こころ》の師《し》とはなるとも、心《こころ》を師《し》とせざれ」とは六波羅蜜経《ろくはらみつきょう》の文《もん》なり。

——兄弟抄、新1481・全1088

「わが心に対して師《し》とはなっても、わが心を師としてはならない」とは、六波羅蜜《ろくはらみつ》経《きょう》の文《もん》である。

□報《ほう》恩《おん》

夫《そ》れ、老狐《ろうこ》は塚《つか》をあと《後》にせず、白亀《はくき》は毛宝《もうほう》が恩《おん》をほうず《報》。畜生《ちくしょう》すら、かくのごとし。いおうや《況》人倫《じんりん》をや。されば、古《いにしえ》の賢者《けんじゃ》・予譲《よじょう》といいし者《もの》は剣《つるぎ》をのみ《呑》て智《ち》伯《はく》が恩《おん》にあて《当》、こう《弘》演《えん》と申《もう》せし臣下《しんか》は腹《はら》をさいて《割》衛《えい》の懿公《いこう》が肝《きも》を入《い》れたり。いかにいおうや《況》、仏教《ぶっきょう》をならわん《習》者《もの》の、父母《ふぼ》・師匠《ししょう》・国恩《こくおん》をわする《忘》べしや。

この大恩《だいおん》をほうぜん《報》には、必《かなら》ず仏法《ぶっぽう》をならい《習》きわめ《極》智者《ちしゃ》とならで叶《かな》うべきか。

——報恩抄、新212・全293

そもそも、狐《きつね》は生まれた古塚《ふるつか》を決して忘《わす》れず、また白亀《はくき》は毛宝《もうほう》の恩《おん》に報《むく》いたという。畜生《ちくしょう》ですら、このように恩を知っている。まして人間においては、なおさらである。ゆえに昔、予譲《よじょう》という賢人《けんじん》は、（主君の）智伯《ちはく》の恩《おん》に報《むく》いようとして剣《つるぎ》に伏《ふ》して死に、衛《えい》の弘演《こうえん》という臣下《しんか》は、自分の腹《はら》を割《さ》いて（主君の）懿公《いこう》の肝《きも》を入れたという。ましてや、仏教を学ぶものが、どうして父母、師匠《ししょう》、国土《こくど》や社会の恩を忘《わす》れてよいであろうか。

この大恩《だいおん》を報《ほう》ずるためには、必《かなら》ず仏法を学び究《きわ》めて智者《ちしゃ》とならなければ叶《かな》うことではない。

＊

仏法《ぶっぽう》を学《がく》せん人《ひと》、知恩《ちおん》・報恩《ほうおん》なかるべしや。仏弟子《ぶつでし》は必《かなら》ず四恩《しおん》をしって知《ち》恩《おん》・報恩《ほうおん》をいたすべし。

――開目抄、新58・全192

仏法を学ぶ者に、知恩《ちおん》・報恩《ほうおん》がなくてよいだろうか。仏弟子《ぶつでし》であれば、必《かなら》ず四恩《しおん》を心得《こころえ》て、知恩・報恩を行うべきである。

※四恩《しおん》――四種《ししゅ》の恩《おん》。心地観経《しんじかんぎょう》では、父母の恩、一切衆生《いっさいしゅじょう》の恩、国王の恩、三宝《さんぽう》の恩を挙《あ》げる。「報《ほう》恩抄《おんしょう》」では、「父母の恩・師匠《ししょう》の恩・三宝の恩・国の恩」（新253・全323）と述《の》べられている。

＊

法華経《ほけきょう》を持《たも》つ人《ひと》は、父《ちち》と母《はは》との恩《おん》を報《ほう》ずるなり。我《わ》が心《こころ》には報《ほう》ずると思《おも》わねども、この経《きょう》の力《ちから》にて報《ほう》ずるなり。

――上野殿御消息（四徳四恩の事）、新1852・全1528

法華経を持《たも》つ人は、父と母の恩《おん》を報《ほう》じているのである。自分の心には、恩を報じているとは思わなくても、この経《きょう》の力によって報じているのである。

□妙法《みょうほう》を持《たも》った人の位《くらい》

請《こ》う、国中《こくちゅう》の諸人《しょにん》、我《わ》が末弟等《まっていとう》を軽《かろ》んずることなかれ。進《すす》んで過去《かこ》を尋《たず》ぬれば、八十万億劫《はちじゅうまんおっこう》供養《くよう》せし大菩薩《だいぼさつ》なり。あに熈連一恒《きれんいちごう》の者《もの》にあらずや。退《しりぞ》いて未《み》来《らい》を論《ろん》ずれば、八十年《はちじゅうねん》の布施《ふせ》に超過《ちょうか》して五十《ごじゅう》の功徳《くどく》を備《そな》うべし。天子《てんし》の襁褓《むつき》に纏《まと》われ、大竜《だいりゅう》の始《はじ》めて生《しょう》ずるがごとし。蔑如《べつじょ》することなかれ、蔑如《べつじょ》することなかれ。

——四信五品抄、新２７０・全３４２

是非《ぜひ》とも、日本国中の人々よ、私の弟子《でし》たちを軽《かろ》んじないでいただきたい。時間をさかのぼって過去世《かこせ》を調べれば、八十万億劫《おっこう》の間、仏たちに供養《くよう》した偉大《いだい》な菩薩《ぼさつ》である。どうして、熈連河《きれんが》の砂《すな》の数ほどの仏のもとで覚《さと》りを求《もと》める心を起こした者や、ガンジス川の数ほどの仏のもとで覚りを求める心を起こした者でないことがあろうか。
未来世《みらいせ》を論《ろん》じれば、八十年間にわたって布施《ふせ》を行った者を超《こ》え、五十番目に法華経を伝《つた》え聞いた者と同じ功徳《くどく》を備《そな》えているにちがいない。皇帝《こうてい》も生まれた時は産着《うぶぎ》に包《つつ》まれており、巨大《きょだい》な竜《りゅう》も生まれたての時は小さいようなものである。決してないがしろにしてはならない。

*

犬《いぬ》は師子《しし》をほう《吠》れば腸《はらわた》くさ《腐》る。修羅《しゅら》は日輪《にちりん》を射奉《いたてまつ》れば頭七分《こうべしちぶん》に破《わ》る。一切《いっさい》の真言師《しんごんし》は犬《いぬ》と修羅《しゅら》とのごとく、法華経《ほけきょう》の行者《ぎょうじゃ》は日輪《にちりん》と師子《しし》とのごとし。

——乙御前御消息、新1687・全1219

犬は師子《しし》に向かって吠《ほ》えると、腸《ちょう》が腐《くさ》る。修羅《しゅら》は太陽に矢を射《い》ると、その頭が七つに割《わ》れる。全ての真言《しんごん》の僧《そう》は犬や修羅のようであり、法華経の行者《ぎょうじゃ》は太陽や師子のような存在《そんざい》なのである。

*

今《いま》、日蓮《にちれん》等の類《たぐ》い、南無妙法蓮華経《なんみょうほうれんげきょう》と唱《とな》え奉《たてまつ》る者《もの》は、皆地涌《みなじゆ》の流類《るるい》なり。

——御義口伝、新1046・全751

今、日蓮およびその弟子《でし》たちのように、南無妙法蓮華経と唱《とな》える者は、皆、地涌《じゆ》の菩薩《ぼさつ》の一員なのである。

□使　命

桜梅桃李《おうばいとうり》の己々《ここ》の当体《とうたい》を改《あらた》めずして無作《むさ》の三身《さんじん》と開見《かいけん》すれば、これ即《すなわ》ち「量《りょう》」の義《ぎ》なり。

——御義口伝、新1090・全784

桜《さくら》は桜、梅《うめ》は梅、桃《もも》は桃、李《すもも》は李と、おのおのの当体《とうたい》を改《あらた》めず、そのままの姿《すがた》で、無作《むさ》の三身《さんじん》（＝仏の境涯《きょうがい》）と開きあらわしていくことが、（無《む》量《りょう》義《ぎ》の）「量《りょう》」の義《ぎ》である。

＊

法華経《ほけきょう》の肝心《かんじん》、諸仏《しょぶつ》の眼目《がんもく》たる妙法蓮華経《みょうほうれんげきょう》の五字《ごじ》、末法《まっぽう》の始《はじ》めに一閻浮提《いちえんぶだい》にひろ《広》まらせ給《たも》うべき瑞相《ずいそう》に、日蓮《にちれん》さきがけ《先駆》したり。わとう《和党》ども二陣《にじん》三陣《さんじん》つづきて、迦葉《かしょう》・阿難《あなん》にも勝《すぐ》れ、天台《てんだい》・伝教《でんぎょう》にもこえ《超》よかし。

――種々御振舞御書、新1227・全910

法華経の肝心《かんじん》であり、諸仏《しょぶつ》の眼目《がんもく》である妙法蓮華経の五字が、末法《まっぽう》の初《はじ》めに全世界に広まっていく瑞相《ずいそう》として、日蓮が先駆《さきが》けしたのである。

わが一門の者たちは、二陣《にじん》、三陣と続《つづ》いて、迦葉《かしょう》・阿難《あなん》にも勝《すぐ》れ、天台《てんだい》・伝教《でんぎょう》にも超《こ》えていくのだ。

*

命限《いのちかぎ》り有《あ》り、惜《お》しむべからず。ついに願《ねが》うべきは仏国《ぶっこく》なり云々《うんぬん》。

――富木入道殿御返事（願望仏国の事）、新1283・全955

命は限《かぎ》りあるものであり、惜《お》しんではならない。ついに願《ねが》うべきは仏国土《ぶっこくど》である。

＊

生涯《しょうがい》、本《もと》より思《おも》い切《き》り了《お》わんぬ。今《いま》に翻反《ひるがえ》ること無《な》く、その上《うえ》また遺恨《いこん》無《な》し。諸《もろもろ》の悪人《あくにん》はまた善知識《ぜんちしき》なり。摂受《しょうじゅ》・折伏《しゃくぶく》の二義《にぎ》、仏説《ぶっせつ》に任《よ》る。あえて私曲《しきょく》にあらず。万事《ばんじ》、霊山浄土《りょうぜんじょうど》を期《ご》す。

――富木殿御返事（諸天加護なき所以の事）、新1292・全962

私の生涯《しょうがい》は、もとより覚悟《かくご》のうえである。(佐渡《さど》へ流罪《るざい》になった)今になって翻《ひるがえ》ることもないし、そのうえまた恨《うら》みもない。(迫害《はくがい》した)諸《もろもろ》の悪人はまた善知識《ぜんちしき》である。時に応《おう》じた摂受《しょうじゅ》・折伏《しゃくぶく》のあり方も経文《きょうもん》による。少しも独《ひと》りよがりの私見《しけん》ではない。全ては霊山浄土《りょうぜんじょうど》で明らかになるだろう。

*

一生《いっしょう》はゆめ《夢》の上《うえ》、明日《あす》をご《期》せず。いかなる乞食《こつじき》にはなるとも、法華経《ほけきょう》にきず《瑕》をつけ給《たも》うべからず。

――四条金吾殿御返事(不可惜所領の事)、新1583・全1163

一生は夢《ゆめ》の上の出来事のように、はかなく、明日の命も分からないものである。どのような乞食《こじき》になっても、法華経に傷《きず》を付《つ》けてはならない。

地涌《じゆ》の菩薩《ぼさつ》のさきがけ日蓮一人《にちれんいちにん》なり。地涌《じゆ》の菩薩《ぼさつ》の数《かず》にもや入《い》りなまし。もし日蓮《にちれん》、地涌《じゆ》の菩薩《ぼさつ》の数《かず》に入《い》らば、あに、日蓮《にちれん》が弟子檀那《でしだんな》、地涌《じゆ》の流類《るるい》にあらずや。

――諸法実相抄、新1790・全1359

地涌《じゆ》の菩薩《ぼさつ》の先駆《さきが》けは日蓮一人である。地涌の菩薩の数にも入っているかもしれない。もし日蓮が、地涌の菩薩の数に入っているならば、どうして、日蓮の弟子檀《でしだん》那《な》が地涌の菩薩の一員でないことがあるだろうか。

＊

今度《こんど》、信心《しんじん》をいたして、法華経《ほけきょう》の行者《ぎょうじゃ》にてとおり、日蓮《にちれん》が一門《いちもん》となりとおし給《たも》うべし。

——諸法実相抄、新1791・全1360

このたび、信心《しんじん》をしたからには、法華経の行者《ぎょうじゃ》として生き抜《ぬ》き、日蓮の一門となり通していきなさい。

*

とにかくに、法華経《ほけきょう》に身《み》をまかせ《任》信《しん》ぜさせ給《たま》え。殿一人《とのひとり》にかぎる《限》べからず、信《しん》心《じん》をすすめ給《たま》いて、過去《かこ》の父母等《ふぼとう》をすくわ《救》せ給《たま》え。

——上野殿御返事（刀杖難の事）、新1891・全1557

ともかくも、法華経に身を任《まか》せて信《しん》じていきなさい。あなた（＝南条時光《なんじょうときみつ》）一人が信じるだけでなく、信心《しんじん》を勧《すす》めて、過去《かこ》の父母をはじめ一切衆生《いっさいしゅじょう》を救《すく》っていきなさい。

*

法華経《ほけきょう》の法門《ほうもん》を一文一句《いちもんいっく》なりとも人《ひと》にかたら《語》んは、過去《かこ》の宿縁《しゅくえん》ふかしとおぼ《思》しめすべし。

——椎地四郎殿御書、新1720・全1448

法華経の法門《ほうもん》を一文一句であっても人に語るのは、過去《かこ》の宿縁《しゅくえん》が深いと思うべきである。

第二章

実践

□持　続

法華経《ほけきょう》の信心《しんじん》をとお《通》し給《たま》え。火《ひ》をき《切》るに、やす《休》みぬれば火《ひ》をえ《得》ず。

——四条金吾殿御返事（煩悩即菩提の事）、新1522・全1117

法華経の信心《しんじん》を貫《つらぬ》いていきなさい。火をおこすのに、作業を休んでしまえば火は得《え》られない。

*

この経《きょう》をきき《聞》う《受》くる人《ひと》は多《おお》し。まことに聞《き》き受《う》くるごとくに大難来《だいなんきた》れども憶《おく》持不忘《じふもう》の人《ひと》は希《まれ》なるなり。
受《う》くるはやす《易》く、持《たも》つはかた《難》し。さるあいだ、成仏《じょうぶつ》は持《たも》つにあり。

——四条金吾殿御返事（此経難持の事）、新1544・全1136

この法華経を聞き受ける人は多い。しかし、聞き受けた通りに実際《じっさい》に大難《だいなん》が来た時、それでも法華経を心にとどめて持《たも》ち続《つづ》け、忘《わす》れることのない人はまれである。受けることは易《やさ》しく、持《たも》つことは難《むずか》しい。そうであるから、成仏《じょうぶつ》は持《たも》つことにある。

*

月々日々《つきづきひび》につよ《強》り給《たま》え。すこしもたゆ《弛》む心《こころ》あらば、魔《ま》たより《便》をう《得》べし。

月々日々に、信心《しんじん》を強めていきなさい。少しでもたゆむ心があれば、魔《ま》がそのすきに付《つ》けこんでくるであろう。

——聖人御難事、新1620・全1190

*

皆人《みなひと》のこの経《きょう》を信《しん》じ始《はじ》むる時《とき》は信心《しんじん》有《あ》るように見《み》え候《そうろう》が、中《なか》ほどは信心《しんじん》もよ《弱》わく、僧《そう》をも恭敬《くぎょう》せず、供養《くよう》をもなさず、自慢《じまん》して悪見《あっけん》をなす。これ恐《おそ》るべし、恐《おそ》るべし。始《はじ》めより終《お》わりまで、いよいよ信心《しんじん》をいたすべし。さなくして、後悔《こうかい》やあらんずらん。譬《たと》えば、鎌倉《かまくら》より京《きょう》へは十二日《じゅうににち》の道《みち》なり。それを十一日余《じゅういちにちあま》り歩《あゆ》みをはこび《運》て、今一日《いまいちにち》に成《な》って歩《あゆ》みをさしおき《差置》ては、何《なん》として都《みやこ》の月《つき》をば詠《なが》め候《そうろう》べき。何《なん》としてもこの経《きょう》の心《こころ》をしれ《知》る僧《そう》に近《ちか》づき、いよいよ法《ほう》の道理《どうり》を聴聞《ちょうもん》して、信心《しんじん》の歩《あゆ》みを運《はこ》ぶべし。

――新池御書、新２０６３・全１４４０

誰《だれ》でもこの経《きょう》（＝法華経）を信《しん》じ始めたときは信心《しんじん》があるように見えるが、中間では信心も弱くなり、僧《そう》（＝法華経の行者《ぎょうじゃ》）を尊敬《そんけい》せず、供養《くよう》もしないで、慢心《まんしん》を起こして悪い考えを抱《いだ》く。これは実に恐《おそ》るべきことである。始めから終わりまで、いよいよ信心を貫《つらぬ》くべきである。そうでなければ後悔《こうかい》するであろう。

例《たと》えば、鎌倉《かまくら》から京都までは十二日の道のりである。それを十一日余《あま》り歩いて、あと一日となった時に歩くのをやめたのでは、どうして都の月を詠《えい》ずることができようか。なんとしても、この経《きょう》の心を知っている僧《そう》に近づいて、いよいよ仏法の道理に耳を傾《かたむ》けて、信心《しんじん》の歩みを運んでいくべきである。

*

そもそも、今《いま》の時《とき》、法華経《ほけきょう》を信《しん》ずる人《ひと》あり。あるいは火《ひ》のごとく信《しん》ずる人《ひと》もあり、あるいは水《みず》のごとく信《しん》ずる人《ひと》もあり。聴聞《ちょうもん》する時《とき》はもえ《燃》たつばかりおもえ《思》ども、とお《遠》ざかりぬればす《捨》つる心《こころ》あり。水《みず》のごとくと申《もう》すは、いつもたい《退》せず信《しん》ずるなり。これは、いかなる時《とき》も、つね《常》はたい《退》せずとわ《訪》せ給《たま》えば、水《みず》のごとく信《しん》ぜさせ給《たま》えるか。とうと《尊》し、とうとし。

——上野殿御返事（水火二信抄）、新1871・全1544

さて今の時、法華経を信《しん》ずる人がいる。あるいは火のように信ずる人もいて、また水の流れるように信ずる人もいる。（火のように信ずる人というのは、法門《ほうもん》を）聴聞《ちょうもん》する時は燃《も》え立つように思うけれども、時が経《た》つにつれて、それを捨《す》てようとする心を起こしてしまう。水のように信ずる人というのは、常《つね》に退《たい》することなく信ずる人をいう。

あなた（＝南条時光）は、いかなる時も常《つね》に退《たい》することなく日蓮を訪《たず》ねられるのであるから、水の流れるように信《しん》じられているのであろう。尊《とうと》いことである、尊いことである。

□ 一人立つ

衆流《しゅる》あつ《集》まりて大海《たいかい》となる。微塵《みじん》つ《積》もりて須弥山《しゅみせん》となれり。日蓮《にちれん》が法華経《ほけきょう》を信《しん》じ始《はじ》めしは、日本国《にほんこく》には一渧一微塵《いったいいちみじん》のごとし。法華経《ほけきょう》を二人《ににん》・三人《さんにん》・十人《じゅうにん》・百千万億人《ひゃくせんまんおくにん》唱《とな》え伝《つた》うるほどならば、妙覚《みょうかく》の須弥山《しゅみせん》ともなり、大涅槃《だいねはん》の大海《たいかい》ともなるべし。仏《ほとけ》になる《成》道《みち》は、これよりほかに、またも《求》とむることなかれ。

——撰時抄、新205・全288

多くの川の流れが集まって大海となる。細かい塵《ちり》が積《つ》もって須弥山《しゅみせん》となった。日蓮が法華経を信《しん》じ始めたことは、日本国にとっては一滴《いってき》の水や一粒《ひとつぶ》の塵のようなものである。やがて、法華経の題目を、二人、三人、十人、百千万億人と唱《とな》え伝《つた》えていくならば、妙覚《みょうかく》（＝仏の覚《さと》り）の須弥山《しゅみせん》にもなり、大涅槃《だいねはん》という大海にもなるであろう。仏になる道は、これより他に求《もと》めてはならない。

＊

夫《そ》れ、須弥山《しゅみせん》の始《はじ》めを尋《たず》ぬれば一塵《いちじん》なり。大海《たいかい》の初《はじ》めは一露《いちろ》なり。一《いち》を重《かさ》ぬれば二《に》となり、二《に》を重《かさ》ぬれば三《さん》、乃至十《ないしじゅう》・百《ひゃく》・千《せん》・万《まん》・億《おく》・阿僧祇《あそうぎ》の母《はは》は、ただ一《いち》なるべし。

――妙密上人御消息、新1706・全1237

そもそも、須弥山《しゅみせん》の始めを尋《たず》ねれば一粒《ひとつぶ》の塵《ちり》である。大海の始めは一滴《いってき》の露《つゆ》である。一を重ねれば二となり、二を重ねれば三となり、このようにして十、百、千、万、億《おく》、阿僧祇《あそうぎ》となっても、その生みの母はただ一なのである。

□一人を大切に

この十法界《じっぽうかい》は一人《ひとり》の心《こころ》より出《い》でて、八万四千《はちまんよんせん》の法門《ほうもん》と成《な》るなり。一人《ひとり》を手本《てほん》として一切衆生平等《いっさいしゅじょうびょうどう》なること、かくのごとし。

——三世諸仏総勘文教相廃立、新714・全564

この十界《じっかい》は一人の心から生み出されて八万四千の法門《ほうもん》となるのである。そのようにして、この法門は、一人を手本として、いかなる人《ひと》にも等しく当てはまるのである。

*

尼《あま》ごぜん《御前》の御所労《ごしょろう》の御事《おんこと》、我《わ》が身一身《みいっしん》の上《うえ》とおもい《思》候《そうら》えば、昼夜《ちゅうや》に天《てん》に申《もう》し候《そうろう》なり。

——富木殿御返事（平癒祈願の事）、新1353・全978

尼御前《あまごぜん》（＝富木常忍《ときじょうにん》の妻《つま》）のご病気のことは、わが身のうえのことと思っているので、昼も夜も（健康《けんこう》を）諸天《しょてん》に祈《いの》っている。

□指《し》導《どう》者《しゃ》

鉄《くろがね》は炎《きた》い打《う》てば剣《つるぎ》となる。賢聖《けんしょう》は罵詈《めり》して試《こころ》みるなるべし。

――佐渡御書、新1288・全958

鉄は鍛《きた》え打てば剣《つるぎ》となる。賢人《けんじん》・聖人《しょうにん》は罵《ののし》られて（本物であるかどうかを）試《ため》されるものである。

＊

夫《そ》れ、賢人《けんじん》は安《やす》きに居《い》て危《あや》うきを欲《おも》い、佞人《ねいじん》は危《あや》うきに居《い》て安《やす》きを欲《おも》う。

——富木殿御書（止暇断眠御書）、新1323・全969

そもそも、賢人《けんじん》は安全な所にいても危険《きけん》を思い、愚《おろ》かな人は危険な状態《じょうたい》にあっても安穏《あんのん》だと思う。

*

賢人《けんじん》は、八風《はっぷう》と申《もう》して八《やっ》つのかぜ《風》におか《侵》されぬを、賢人《けんじん》と申《もう》すなり。利《うるお》い・衰《おとろ》え・毀《やぶ》れ・誉《ほま》れ・称《たた》え・譏《そし》り・苦《くる》しみ・楽《たの》しみなり。おお《大》心《むね》は、利《うるお》いあるによ《喜》ろこばず、おとろう《衰》るになげか《歎》ず等《とう》のことなり。この八風《はっぷう》におか《侵》されぬ人《ひと》をば、必《かなら》ず天《てん》はまぼら《守》せ給《たも》うなり。

——四条金吾殿御返事（八風抄）、新1565・全1151

賢人《けんじん》とは、八風《はっぷう》といって八つの風に侵《おか》されない人をいうのである。八つの風とは、利《うるお》い・衰《おとろ》え・毀《やぶ》れ・誉《ほま》れ・称《たた》え・譏《そし》り・苦しみ・楽しみである。おおよその意味は、利益があっても喜《よろこ》ばず、衰えても嘆《なげ》かないなどのことである。この八風に侵されない人を、必《かなら》ず諸天《しょてん》は守護《しゅご》されるのである。

*

軍《いくさ》には大将軍《だいしょうぐん》を魂《たましい》とす。大将軍《だいしょうぐん》おく《臆》しぬれば、歩兵《つわもの》臆病《おくびょう》なり。

――乙御前御消息、新1688・全1219

*

戦《いくさ》には大将軍《だいしょうぐん》を魂《たましい》とする。大将軍が臆《おく》したならば、兵《つわもの》も臆病《おくびょう》になってしまう。

一《ひと》つ船《ふね》に乗《の》りぬれば、船頭《せんどう》のはかり《計》事《ごと》わるければ一同《いちどう》に船中《せんちゅう》の諸人《しょにん》損《そん》じ、また身《み》つよき《強》人《ひと》も、心《こころ》かいなければ多《おお》くの能《のう》も無用《むよう》なり。

——乙御前御消息、新1690・全1220

一隻《いっせき》の船に乗り合わせて船頭《せんどう》の舵取《かじと》りが悪ければ、船中《せんちゅう》の人々は皆《みな》、命を損《そこ》なってしまい、また、体が強い人でも心が弱ければ、多くの才能《さいのう》も役立たない。

*

周《しゅう》の文王《ぶんおう》は老《お》いたる者《もの》をやしない《養》ていくさ《戦》に勝《か》ち、その末三十七代八百年《すえさんじゅうななだいはっぴゃくねん》の間《あいだ》、すえずえ《末々》にはひが《僻》事《ごと》ありしかども、根本《こんぽん》の功《く》によりてさかえ《栄》させ給《たも》う。

周《しゅう》の文王《ぶんおう》は、老《お》いた者を大切に養《やしな》って戦《たたか》いに勝ち、その子孫《しそん》は三十七代八百年の間、末裔《まつえい》には誤《あやま》った政治《せいじ》もあったが、根本《こんぽん》である文王の功《こう》によって長く栄《さか》えることができたのである。

――日女御前御返事（嘱累品等大意の事）、新２０９６・全１２５０

＊

人《ひと》のものをおしうる《教》と申《もう》すは、車《くるま》のおもけれ《重》ども油《あぶら》をぬり《塗》てまわり《回》、ふね《船》の水《みず》にうかべ《浮》てゆき《行》やすき《易》ようにおしえ《教》候《そうろう》なり。

――上野殿御返事（須達長者御書）、新１９１８・全１５７４

人がものを教えるというのは、車が重かったとしても油を塗《ぬ》ることによって良《よ》く回り、船を水に浮《う》かべて行きやすくするように教えるのである。

□時を知る

章安《しょうあん》云《い》わく「取捨《しゅしゃ》宜《よろ》しきを得《え》て、一向《いっこう》にすべからず」等《とう》。天台《てんだい》云《い》わく「時《とき》に適《かな》うのみ」等云々《とううんぬん》。

——開目抄、新119・全236

章安《しょうあん》は「（摂受《しょうじゅ》・折伏《しゃくぶく》の）取捨《しゅしゃ》は適切《てきせつ》に行《おこな》って、一つに固執《こしつ》してはならない」と言っている。天台《てんだい》は「時に適《かな》うのみである」と言っている。

*

夫《そ》れ、仏法《ぶっぽう》を学《がく》せん法《ほう》は、必《かなら》ずまず時《とき》をならう《習》べし。

そもそも、仏法を修学《しゅうがく》しようとするなら、必《かなら》ずまず時を習うべきである。

――撰時抄、新160・全256

＊

極楽百年《ごくらくひゃくねん》の修行《しゅぎょう》は穢土《えど》の一日《いちにち》の功《く》に及《およ》ばず。正像二千年《しょうぞうにせんねん》の弘通《ぐつう》は末法《まっぽう》の一時《いちじ》に劣《おと》るか。これひとえに、日蓮《にちれん》が智《ち》のかしこき《賢》にはあらず、時《とき》のしからしむるのみ。春《はる》は花《はな》さき《咲》、秋《あき》は菓《このみ》なる《生》。夏《なつ》はあたたか《暖》に、冬《ふゆ》はつめたし《冷》。時《とき》のしからしむるにあらずや。

――報恩抄、新261・全329

極楽《ごくらく》における百年の修行《しゅぎょう》は、穢土《えど》における一日の善根《ぜんこん》に及《およ》ばない。正法《しょうほう》・像法《ぞうほう》二千年の弘通《ぐつう》は、末法《まっぽう》の一時の弘通に劣《おと》るのである。これは、ひとえに日蓮の智慧《ちえ》が勝《すぐ》れているからではなく、時がそうさせるのである。春には花が咲《さ》き、秋は果実《かじつ》がなる。夏は暖《あたた》かく、冬は冷《つめ》たい。全て時がそのようにさせているのではないか。

＊

正法《しょうほう》は、一字一句《いちじいっく》なれども、時機《じき》に叶《かな》いぬれば必《かなら》ず得道《とくどう》なるべし。千経万論《せんきょうまんろん》を習学《しゅうがく》すれども、時機《じき》に相違《そうい》すれば叶《かな》うべからず。

——佐渡御書、新1286・全957

正法《しょうほう》は、一字一句を実践《じっせん》するだけであっても、時と機根《きこん》に適《かな》っていれば、必《かなら》ず成《じょう》仏《ぶつ》する。どれほど多くの経文《きょうもん》や論書《ろんしょ》を習い学んだとしても、時や機根に相違《そうい》していれば、決して成仏はできない。

□ 如説修行《にょせつしゅぎょう》

詮《せん》ずるところ、仏法《ぶっぽう》を修行《しゅぎょう》せんには人《ひと》の言《ことば》を用《もち》いるべからず。ただ仰《あお》いで仏《ほとけ》の金言《きんげん》をまぼる《守》べきなり。

——如説修行抄、新601・全502

突《つ》き詰《つ》めていえば、仏法を修行《しゅぎょう》するに当たっては、人の言葉を用《もち》いてはいけない。ただ仏の金言を仰《あお》いで、守るべきである。

＊

> いよいよ信心《しんじん》をはげみ《励》給《たも》うべし。仏法《ぶっぽう》の道理《どうり》を人《ひと》に語《かた》らん者《もの》をば、男女僧尼《なんにょそうに》必《かなら》ずにく《憎》むべし。よしにく《憎》まばにくめ、法華経《ほけきょう》・釈迦仏《しゃかぶつ》・天台《てんだい》・妙楽《みょうらく》・伝教《でんぎょう》・章安等《しょうあんとう》の金言《きんげん》に身《み》をま《任》かすべし。「如説修行《にょせつしゅぎょう》」の人《ひと》とは、これなり。
>
> ——阿仏房尼御前御返事、新1730・全1308

ますます信心《しんじん》に励《はげ》んでいきなさい。仏法の道理を人に語っていく者を、在家《ざいけ》の男女・出家《しゅっけ》の僧尼《そうに》、すなわちあらゆる人が必《かなら》ず憎《にく》むにちがいない。よし、憎むなら憎むがよい、法華経・釈迦仏《しゃかぶつ》・天台《てんだい》・妙楽《みょうらく》・伝教《でんぎょう》・章安《しょうあん》などの金言に身を任《まか》せなさい。「如説修行《にょせつしゅぎょう》（＝仏の説《と》いた教え通りに修行すること）」の人とは、こういう人をいうのである。

□師《し》弟《てい》

よき弟子《でし》をもつ《持》とき《時》んば、師弟仏果《していぶっか》にいたり、あ《悪》しき弟子《でし》をたくわ《蓄》いぬれば、師弟地獄《していじごく》におつ《堕》といえり。師弟相違《していそうい》せば、なに事《ごと》も成《な》すべからず。

――華果成就御書、新１２１１・全９００

よい弟子《でし》をもつならば師弟《してい》はともに成仏《じょうぶつ》し、悪い弟子を養《やしな》うならば師弟はともに地獄《じごく》に堕《お》ちるといわれている。師匠《ししょう》と弟子の心が違《たが》えば、何事も成就《じょうじゅ》することはできない。

＊

だんな《檀那》と師《し》とおも《思》いあわ《合》ぬいのり《祈》は、水《みず》の上《うえ》に火《ひ》をたく《焚》がごとし。またなだん《檀》な《那》と師《し》とおもいあいて候《そうら》えども、大法《だいほう》を小法《しょうぼう》をもっておか《犯》してとし《年》ひさ《久》しき人々《ひとびと》の御《おん》いのりは、叶《かな》い候《そうら》わぬ上《うえ》、我《わ》が身《み》もだんな《檀那》もほろ《滅》び候《そうろう》なり。

——四条金吾殿御返事（八風抄）、新1566・全1151

弟子《でし》と師《し》との思いが合わない祈《いの》りは、水の上で火を焚《た》くようなものである。また、弟子と師の思いが合っていたとしても、長年にわたって、勝《すぐ》れた法《ほう》を劣《おと》った法をもって侵害《しんがい》した人々の祈りは叶《かな》わないうえ、わが身も弟子も滅《ほろ》びてしまうのである。

＊

過去《かこ》の宿縁《しゅくえん》追《お》い来《きた》って、今度《こんど》日蓮《にちれん》が弟子《でし》と成《な》り給《たも》うか。釈迦《しゃか》・多宝《たほう》こそ御存《ごぞん》知候《ちそうろう》らめ。「在々諸仏土《ざいざいしょぶつど》、常与師倶生《じょうよしくしょう》（いたるところの諸仏《しょぶつ》の土《ど》に、常《つね》に師《し》とともに生《しょう》ず）」、よも虚事候《そらごとそうら》わじ。

――生死一大事血脈抄、新1776・全1338

あなた（＝最蓮房《さいれんぼう》）は、過去世《かこせ》の縁《えにし》のゆえに今世《こんぜ》で日蓮の弟子《でし》となられたのであろうか。釈迦《しゃか》・多宝《たほう》の二仏こそご存《ぞん》じと思われる。（法華経化城喩品《けじょうゆほん》の）「いたるところの諸仏《しょぶつ》の国土《こくど》に、常《つね》に師《し》とともに生まれる」との経文《きょうもん》は、よもや嘘《うそ》とは思われない。

＊

御身《おんみ》は佐渡国《さどのくに》におわせども、心《こころ》はこの国《くに》に来《きた》れり。仏《ほとけ》に成《な》る道《みち》もかくのごとし。我《われ》らは穢土《えど》に候《そうら》えども、心《こころ》は霊山《りょうぜん》に住《す》むべし。御面《おんかお》を見てはなにか《何》せん、心《こころ》こそ大切《たいせつ》に候《そうら》え。

——千日尼御前御返事（雷門鼓御書）、新1746・全1316

あなた（＝千日尼《せんにちあま》）の身は佐渡《さど》の国にいても、心はこの国（＝身延《みのぶ》）に来ているのである。仏になる道もこのようなものである。私たちは穢土《えど》に住んではいるが、心は霊山浄土《りょうぜんじょうど》に住んでいるのである。お顔を見たからといって何になるであろうか、心こそ大切なのである。

＊

「師子吼《ししく》」とは、仏《ほとけ》の説《せつ》なり。説法《せっぽう》とは法華《ほっけ》、別《べっ》しては南無妙法蓮華経《なんみょうほうれんげきょう》なり。「師《し》」とは師匠《ししょう》授《さず》くるところの妙法《みょうほう》、「子《し》」とは弟子《でし》受《う》くるところの妙法《みょうほう》、「吼《く》」

> とは師弟共《していとも》に唱《とな》うるところの音声《おんじょう》なり。「作《さ》」とは、「おこす」と読《よ》むなり。末法《まっぽう》にして南無妙法蓮華経《なんみょうほうれんげきょう》を作《おこ》すなり。
>
> ――御義口伝、新1043・全748

「師子吼《ししく》」とは仏の説法《せっぽう》である。説法とは法華経、とりわけ南無妙法蓮華経を説《と》くことである。

師子吼《ししく》の「師《し》」とは、師である仏が授《さず》ける妙法《みょうほう》であり、「子《し》」とは弟子《でし》が受ける妙法であり、「吼《く》」とは師匠《ししょう》と弟子がともに唱《とな》える声をいうのである。「作《さ》」とは「おこす」と読む。（「師子吼を作す」とは）末法《まっぽう》において南無妙法蓮華経をおこすことをいうのである。

□ 一念の力

「衆生《しゅじょう》の心《こころ》けがるれば土《ど》もけがれ、心清《こころきよ》ければ土《ど》も清《きよ》し」とて、浄土《じょうど》といい穢土《えど》というも、土《ど》に二《ふた》つの隔《へだ》てなし、ただ我《われ》らが心《こころ》の善悪《ぜんあく》によると見《み》えたり。衆生《しゅじょう》というも仏《ほとけ》というも、またかくのごとし。迷《まよ》う時《とき》は衆生《しゅじょう》と名《な》づけ、悟《さと》る時《とき》をば仏《ほとけ》と名《な》づけたり。

――一生成仏抄、新317・全384

（浄名経《じょうみょうきょう》には）「人々の心が汚《けが》れれば、その人々が住む国土《こくど》も汚れ、人々の心が清《きよ》ければ国土も清い」とあって、浄土《じょうど》といっても、穢土《えど》といっても、二つの別々《べつべつ》の国土があるわけではなく、ただ、そこに住む私たちの心の善悪《ぜんあく》によって、違《ちが》いが現《あらわ》れると説《と》かれているのである。

CONTENTS
信心の基本 01
実践 02
宿命転換 03
仏法と社会 04

衆生《しゅじょう》といっても仏といっても、またこれと同じである。迷《まよ》っている時には衆生といい、悟《さと》った時には仏というのである。

＊

一念《いちねん》に億劫《おくごう》の辛労《しんろう》を尽《つ》くせば、本来無作《ほんらいむさ》の三身念々《さんじんねんねん》に起《お》こるなり。いわゆる南無妙法蓮華経《なんみょうほうれんげきょう》は精進行《しょうじんぎょう》なり。

――御義口伝、新1099・全790

一念《いちねん》に億劫《おくごう》の辛労《しんろう》を尽《つ》くして、自行化他《じぎょうけた》にわたる実践《じっせん》に励《はげ》んでいくなら、本来わが身に具《そな》わっている仏の生命が瞬間《しゅんかん》瞬間に現《あらわ》れてくる。いわゆる南無妙法蓮華経は精進行《しょうじんぎょう》である。

＊

漢王《かんおう》も、疑《うたが》わずして大臣《だいじん》のことばを信《しん》ぜしかば、立《た》つ波《なみ》こお《凍》り行《い》くぞかし。石《いし》に矢《や》のたつ《立》、これまた父《ちち》のかたき《敵》と思《おも》いし至信《ししん》の故《ゆえ》なり。いかにいわんや仏法《ぶっぽう》においてをや。

――日女御前御返事（御本尊相貌抄）、新2089・全1245

漢《かん》の王も疑《うたが》わずに臣下《しんか》の言葉を信《しん》じたゆえに、波が立っていた川の水面が凍《こお》っていったのである（川を渡《わた》ることができた）。石に矢が立ったのも、父の敵（である虎《とら》）であると心から信じたゆえである。まして、仏法においてはなおさらのことである。

*

摩訶止観第八《まかしかんだいはち》に云《い》わく、弘決第八《ぐけつだいはち》に云《い》わく「必《かなら》ず心《こころ》の固《かた》きに仮《よ》って、神《かみ》の守《まも》り則《すなわ》ち強《つよ》し」云々《うんぬん》。神《かみ》の護《まも》ると申《もう》すも、人《ひと》の心《こころ》つよ《強》きによるとみ《見》えて候《そうろう》。法華経《ほけきょう》はよきつるぎ《剣》なれども、つか《使》う人《ひと》によりて物《もの》をき《切》り候《そうろう》か。

——四条金吾殿御返事（石虎将軍御書）、新1608・全1186

（天台《てんだい》の）『摩訶止観《まかしかん》』第八、（妙楽《みょうらく》の）『止観輔行伝弘決《しかんぶぎょうでんぐけつ》』第八には、「必《かなら》ず心が堅固《けんご》であれば神の守りは強い」と説《と》かれている。諸天善神《しょてんぜんじん》の守護《しゅご》といっても、人の心が強いことによるということである。法華経は、よい剣《つるぎ》であるが、その切れ味は使う人によるのである。

□人間弱点へのいましめ

ただし、人《ひと》の心《こころ》は時《とき》に随《したが》って移《うつ》り、物《もの》の性《しょう》は境《きょう》に依《よ》って改《あらた》まる。
——立正安国論、新43・全31

とはいえ、人の心は時間の経過《けいか》にともなって移《うつ》り変《か》わり、人の性質《せいしつ》は接《せっ》する環境《かんきょう》に基《もと》づいて変わる。

＊

我《われ》ら凡《ぼん》夫《ぷ》のつたなさは、経論《きょうろん》に有《あ》ることと遠《とお》きことはおそるる心《こころ》なし。

――聖人御難事、新1620・全1190

我ら凡夫《ぼんぷ》の愚《おろ》かなところは、経典《きょうてん》や論書《ろんしょ》に説《と》かれていることや、遠くで起きていることに対して、(自分には関係《かんけい》ないと思って)恐《おそ》れる心がないことである。

□退転《たいてん》のいましめ

各々用心有《おのおのようじんあ》るべし。少《すこ》しも妻子《さいし》・眷属《けんぞく》を憶《おも》うことなかれ、権威《けんい》を恐《おそ》るることなかれ。今度《こんど》、生死《しょうじ》の縛《ばく》を切《き》って仏果《ぶっか》を遂《と》げしめ給《たま》え。

——弟子檀那中への御状、新866・全177

＊

おのおのは用心しなさい。（権力《けんりょく》との戦《たたか》いにあっては）少しも妻子《さいし》・眷属《けんぞく》のことを憶《おも》ってはならない。権威《けんい》を恐《おそ》れてはならない。このたび生死《しょうじ》の縛《ばく》を切って成仏《じょうぶつ》を遂《と》げなさい。

彼《か》のあつわら《熱原》の愚癡《ぐち》の者《もの》ども、いいはげまし《言励》ておとす《堕》ことなかれ。彼《かれ》らには、ただ一《いち》えん《円》におもい《思》切《き》れ。よからん《善》は不思議《ふしぎ》、わるからん《悪》は一定《いちじょう》とおもえ《思》。ひ《餓》だるしとおもわば、餓鬼道《がきどう》をおしえよ。さむし《寒》といわば、八《はっ》かん《寒》地獄《じごく》をおしえよ。おそろし《恐》しといわば、たか《鷹》にあえる《遭》きじ《雉》、ねこ《猫》にあえるねずみ《鼠》を他人《たにん》とおも《思》うことなかれ。

これはこまごま《細々》とかき《書》候《そうろう》ことは、かくとしどし《年々》月々日々《つきづきひび》に申《もう》して候《そうら》えども、なごえ《名越》の尼《あま》・しょう《少輔》房《ぼう》・のと《能登》房《ぼう》・三位房《さんみぼう》なんどのように候《そうろう》、おくびょう《臆病》、物《もの》お《覚》ぼえず、よく《欲》ふかく《深》、うたがい《疑》多《おお》き者《もの》どもは、ぬれるうるし《塗漆》に水《みず》をかけそら《空》をき《切》りたるように候《そうろう》ぞ。

――聖人御難事、新1620・全1190

かの熱原《あつはら》の仏法に無知《むち》の者たちには、強く激励《げきれい》して、悪道《あくどう》に堕《お》としてはならない。彼《かれ》らには、ただ一途《いちず》に決心させなさい。善《よ》い結果《けっか》になるのが不思議《ふしぎ》であり、悪い結果になるのが当然《とうぜん》と考えさせなさい。空腹《くうふく》に耐《た》えられないようだったら、餓鬼《がき》道《どう》の苦しみを教えなさい。寒さに耐えられないというなら、八寒地獄《はっかんじごく》の苦しみを教えなさい。恐《おそ》ろしいというのなら、鷹《たか》にあった雉《きじ》、猫《ねこ》にあった鼠《ねずみ》をひとごとと思ってはならないと教えなさい。

このようにこまごまと書いたことは、年々、月々、日々に言ってきたことであるが、名越《なごえ》の尼《あま》や少輔房《しょうぼう》、能登房《のとぼう》、三位房《さんみぼう》などのように、臆病《おくびょう》で、教えたことをわきまえずに忘《わす》れ、欲《よく》が深くて、疑《うたが》いが多い者たちは、漆《うるし》の塗《ぬ》り物に水をかけて、空中に振《ふ》って水が落ちるようなものである（教えたことが残《のこ》っていない）。

＊

日蓮《にちれん》が弟子《でし》に、しょう房《ぼう》と申し、のと房《ぼう》といい、なごえの尼《あま》なんど申《もう》せしもの

ども は、よくふかく《欲深》、心《こころ》おくびょう《臆病》に、愚癡《ぐち》にして、しかも智者《ちしゃ》となのり《名乗》しやつ《奴》ばら《原》なりしかば、事《こと》のおこり《起》し時《とき》、たより《便》をえ《得》ておお《多》くの人《ひと》をおと《落》せしなり。

——上野殿御返事（梵帝御計らいの事）、新1867・全1539

日蓮の弟子《でし》の少輔房《しょうぼう》といい、能登房《のとぼう》といい、名越《なごえ》の尼《あま》などといった者たちは、欲《よく》が深《ふか》く、心は臆病《おくびょう》で、愚《おろ》かでありながら、しかも自分では智者《ちしゃ》と名乗っていた連中《れんちゅう》だったので、ことが起こった時に、その機会《きかい》に便乗《びんじょう》して多くの人を退転《たいてん》させたのである。

＊

三位房《さんみぼう》がことは大不思議《だいふしぎ》の事《こと》ども候《そうら》いしかども、との《殿》ばら《原》のおも《思》いには「智《ち》慧《え》ある者《もの》をそねま《嫉》せ給《たも》うか」とぐち《愚癡》の人《ひと》おもい《思》なんとおもい《思》て、物《もの》も申《もう》さで候《そうら》いしが、はらぐろ《腹黒》となりて大難《だいなん》にもあたり《当》て候《そうろう》ぞ。なかなか、さんざん《散々》とだにも申《もう》せしかば、たすかる《助》へん《辺》もや候《そうら》いなん。あまりにふしぎ《不思議》さに申《もう》さざりしなり。また、かく申《もう》せば、おこ《痴》人《びと》どもは「死《し》もう《亡》のことを仰《おお》せ候《そうろう》」と申《もう》すべし。鏡《かがみ》のために申《もう》す。またこのことは、彼《かれ》らの人々《ひとびと》も内々《ないない》はおじ《怖》おそれ《恐》候《そうろう》らんとおぼえ《覚》候《そうろう》ぞ。

——聖人御難事、新1621・全1191

三位房《さんみぼう》のことは、大変不審《たいへんふしん》に思うことが前々からあったけれども、それを言うと、あなたたちの思いとしては、「（三位房のように）知恵《ちえ》がある者を（日蓮大聖人が）ねたんでおられるのではないか」と、愚《おろ》かな人は考えるだろうと思って、今まで何も言わなかったのであるが、ついに（三位房が）悪心を起こして大きな災難《さいなん》に遭《あ》ったのである。

かえって厳《きび》しく戒《いまし》めていたならば、助かることもあったであろう。だが、あまりに不審《ふしん》で言わなかったのである。

また、このように言えば、愚《おろ》かな人々は、「死んだ人のことを勝手に言っている」と言うであろう。しかし、後々の鏡《かがみ》のために言っておくのである。また、このこと（＝三位房《さんみぼう》の死）は、（大聖人一門を迫害《はくがい》した）あの者たちも、内心には怖《こわ》がり恐《おそ》れているであろうと思われる。

□ 同志《どうし》を大切に

> 忘《わす》れても法華経《ほけきょう》を持《たも》つ者《もの》をば互《たが》いに毀《そし》るべからざるか。その故《ゆえ》は、法華経《ほけきょう》を持《たも》つ者《もの》は必《かなら》ず皆仏《みなほとけ》なり、仏《ほとけ》を毀《そし》っては罪《つみ》を得《う》るなり。
>
> ――松野殿御返事（十四誹謗の事）、新1988・全1382

決して、法華経を持《たも》つ者を互《たが》いに謗《そし》ってはならない。その理由は、法華経を持つ者は必《かなら》ず皆《みな》、仏であり、仏を謗れば罪《つみ》となるからである。

＊

この法門《ほうもん》の一門《いちもん》、いかなる本意《ほい》なきことありとも、み《見》ずき《聞》かずい《言》わずしてむ《睦》つばせ給《たま》え。大人《おとな》にい《祈》のりなしまいらせ候《そうろう》べし。

――陰徳陽報御書、新1613・全1178

この法門《ほうもん》の人々とは、たとえどのような不本意《ふほんい》なことがあっても、見ず、聞かず、言わずして仲良《なかよ》くしていきなさい。穏《おだ》やかにして祈《いの》っていきなさい。

＊

浅《あさ》き罪《つみ》ならば、我《われ》よりゆ《許》るして功徳《くどく》を得《え》さすべし。重《おも》きあ《過》やまちならば、信心《しんじん》をは《励》げまして消滅《しょうめつ》さすべし。

――阿仏房尼御前御返事、新1731・全1308

浅《あさ》い罪《つみ》であるなら、こちらから許《ゆる》して功徳《くどく》を得《え》させるべきである。重い過失《かしつ》であるなら、信心《しんじん》を励《はげ》まして、その重罪《じゅうざい》を消滅《しょうめつ》させるべきである。

＊

この品《ほん》の時《とき》、最上第一《さいじょうだいいち》の相伝《そうでん》あり。釈尊《しゃくそん》、八箇年《はっかねん》の法華経《ほけきょう》を八字《はちじ》に留《とど》めて末代《まつだい》の衆生《しゅじょう》に譲《ゆず》りたもうなり。八字《はちじ》とは「当起遠迎《とうきおんごう》、当如敬仏《とうにょきょうぶつ》（当《まさ》に起《た》って遠《とお》く迎《むか》うべきこと、当《まさ》に仏《ほとけ》を敬《うやま》うがごとくすべし）」の文《もん》なり。

——御義口伝、新1086・全781

この法華経普賢品《ふげんぼん》の中には、最上《さいじょう》にして第一の相伝《そうでん》がある。すなわち、釈尊《しゃくそん》が八年間にわたって説《と》いた法華経を八文字に留《とど》めて、末法《まっぽう》の衆生《しゅじょう》に譲《ゆず》り与《あた》えられたのである。その八文字とは「当起遠迎《とうきおんごう》、当如敬仏《とうにょきょうぶつ》（法華経を受持《じゅじ》している者を見たなら、必《かなら》ず立ち上がって迎《むか》えるべきであり、まさに仏を敬《うやま》うようにすべきである)」の文である。

*

法華経《ほけきょう》をば経《きょう》のごとく持《たも》つ人々《ひとびと》も、法華経《ほけきょう》の行者《ぎょうじゃ》を、あるいは貪《とん》・瞋《じん》・癡《ち》により、あるいは世間《せけん》のことにより、あるいはしなじな《品々》のふるまい《振舞》によって憎《にく》む人《ひと》あり。これは法華経《ほけきょう》を信《しん》ずれども信《しん》ずる功徳《くどく》なし。

――日女御前御返事(嘱累品等大意の事)、新2093・全1247

法華経を経文《きょうもん》の通りに持《たも》つ人々であっても、法華経の行者《ぎょうじゃ》を、あるいは貪欲《とんよく》・瞋恚《しんに》・愚癡《ぐち》の煩悩《ぼんのう》によって、あるいは世間のことによって、あるいはさまざまな振《ふ》る舞《ま》いが良《よ》くないといって憎《にく》む人がいる。このような人は、法華経を信《しん》じていても、信ずる功徳《くどく》はない。

□善知識《ぜんちしき》と悪知識《あくちしき》

悪知識《あくちしき》と申《もう》すは、甘《あま》くかたらい《語》、詐《いつわ》り媚《こ》び、言《ことば》を巧《たく》みにして、愚癡《ぐち》の人《ひと》の心《こころ》を取《と》って善心《ぜんしん》を破《やぶ》るということなり。

——唱法華題目抄、新10・全7

悪知識《あくちしき》というのは、甘《あま》い言葉で語りかけ、偽《いつわ》り、媚《こ》び、言葉巧《たく》みに、愚《おろ》かな人たちの心を取って、仏道修行《ぶつどうしゅぎょう》に励《はげ》もうとする心を破《やぶ》るということである。

＊

法華経《ほけきょう》を信《しん》ずる人《ひと》は、かまえてかまえて法華経《ほけきょう》のかたき《敵》をおそれ《恐》させ給《たま》え。念仏者《ねんぶつしゃ》と持斎《じさい》と真言師《しんごんし》と、一切南無妙法蓮華経《いっさいなんみょうほうれんげきょう》と申《もう》さざらん者《もの》をば、いかに法華《ほけ》経《きょう》をよむ《読》とも法華経《ほけきょう》のかたきとしろしめす《知》べし。かたきをしら《知》ねば、かたきにたぼらかされ《誑》候《そうろう》ぞ。

——光日房御書、新1255・全931

法華経を信《しん》ずる人は、心して、法華経の敵を用心していきなさい。念仏者《ねんぶつしゃ》と持斎《じさい》と真言師《しんごんし》など、一切《いっさい》、南無妙法蓮華経と唱《とな》えない者は、どれほど法華経を読んでいても法華経の敵であると知っていきなさい。敵を知らなければ、敵にたぶらかされてしまうのである。

＊

相構《あいかま》えて相構《あいかま》えて、とわ《遊女》りを我《わ》が家《や》へよせ《寄》たくもなきように、謗法《ほうぼう》の者《もの》をせか《塞》せ給《たも》うべし。「悪知識《あくちしき》を捨《す》てて、善友《ぜんゆう》に親近《しんごん》す」とは、これなり。

——日女御前御返事(御本尊相貌抄)、新2087・全1244

よくよく心を引き締《し》めて、遊女をわが家へ寄《よ》せたくないように、謗法《ほうぼう》の者を防《ふせ》いでいきなさい。(法華経譬喩品《ひゆほん》に)「悪知識《あくちしき》を捨《す》てて、善友《ぜんゆう》に親しみ近づきなさい」とあるのは、このことである。

*

釈迦如来《しゃかにょらい》の御《おん》ためには提婆達多《だいばだった》こそ第一《だいいち》の善知識《ぜんちしき》なれ。今《いま》の世間《せけん》を見《み》るに、人《ひと》をよくなすものは、かとうど《方人》よりも強敵《ごうてき》が人《ひと》をばよくなしけるなり。眼前《がんぜん》に見《み》えたり。この鎌倉《かまくら》の御《ご》一門《いちもん》の御繁昌《ごはんじょう》は、義盛《よしもり》と隠岐法皇《おきのほうおう》ましまさずんば、いかでか日本《にほん》の主《しゅ》となり給《たも》うべき。されば、この人々《ひとびと》はこの御《ご》一門《いちもん》の御《おん》ためには第《だい》一《いち》のかとうど《方人》なり。日蓮《にちれん》が仏《ほとけ》にならん第一《だいいち》のかとうど《方人》は景信《かげのぶ》、法師《ほっし》には良観《りょうかん》・道隆《どうりゅう》・道阿弥陀仏《どうあみだぶつ》、平左衛門尉《へいのさえもんのじょう》・守殿《こうのとの》ましまさずんば、いかでか法華経《ほけきょう》の行者《ぎょうじゃ》とはなるべきと悦《よろこ》ぶ。

——種々御振舞御書、新1236・全917

釈迦如来《しゃかにょらい》にとっては提婆達多《だいばだった》こそ第一の善知識《ぜんちしき》ではなかったか。今の世間を見ると、人を良《よ》くするものは、味方よりも強敵《ごうてき》が人を良くしているのである。

その例《れい》は眼前《がんぜん》にある。この鎌倉《かまくら》の北条御《ほうじょうご》一門《いちもん》の繁栄《はんえい》は、（北条一門を倒《たお》そうとした最《さい》大《だい》の敵である）和田義盛《わだよしもり》と隠岐法皇《おきのほうおう》とがおいでにならなくては、どうして日本の主となれたであろうか。それゆえ、この人々は、この御一門のためには、第一の味方である。

日蓮が仏になるための第一の味方は、東条景信《とうじょうかげのぶ》であり、法師《ほっし》では良観《りょうかん》・道隆《どうりゅう》・道阿弥陀仏《どうあみだぶつ》であり、また平左衛門尉《へいのさえもんのじょう》・相模守殿《さがみのかみどの》(=北条時宗《ほうじょうときむね》)がおいでにならなくては、どうして法華経の行者《ぎょうじゃ》になれただろうかと悦《よろこ》んでいる。

□難《なん》を乗り越《こ》える

既《すで》に二十余年《にじゅうよねん》が間《あいだ》この法門《ほうもん》を申《もう》すに、日々《ひび》・月々《つきづき》・年々《ねんねん》に難《なん》かさ《重》なる。少々《しょうしょう》の難《なん》はかず《数》しら《知》ず、大事《だいじ》の難《なん》四度《よんど》なり。二度《にど》はしばらくおく《置》。王難《おうなん》すでに二度《にど》におよ《及》ぶ。今度《こんど》はすでに我《わ》が身命《しんみょう》に及《およ》ぶ。その上《うえ》、弟子《でし》といい、檀那《だんな》といい、わずかの聴聞《ちょうもん》の俗人《ぞくじん》なんど来《きた》って重科《じゅうか》に行《おこな》わる。謀反《むほん》なんどの者《もの》のごとし。

——開目抄、新70・全200

既《すで》に二十年以上《いじょう》、この法門《ほうもん》を説《と》いてきたが、日々、月々、年々に難《なん》が重なっている。少々の難は数えきれず、重大な難は四度である。このうち二度はさておく。権《けん》力《りょく》による処罰《しょばつ》がすでに二度に及《およ》んだ。今度の難は私の命に及ぶものである。

そのうえ、弟子《でし》といい、在家《ざいけ》の門下といい、わずかに私の話を聞いただけの世間一般の人々が私の所に来ただけで、重い刑《けい》を受けた。謀反《むほん》などを犯《おか》した者のような扱《あつか》いである。

*

我《われ》ならびに我《わ》が弟子《でし》、諸難《しょなん》ありとも疑《うたが》う心《こころ》なくば、自然《じねん》に仏界《ぶっかい》にいたるべし。天《てん》の加護《かご》なきことを疑《うたが》わざれ。現世《げんぜ》の安穏《あんのん》ならざることをなげ《歎》かざれ。我《わ》が弟《で》子《し》に朝夕《ちょうせき》教《おし》えしかども、疑《うたが》いをおこして皆《みな》すて《捨》けん。つたなき《拙》者《もの》のならい《習》は、約《やく》束《そく》せし事《こと》をまことの時《とき》はわする《忘》るなるべし。

——開目抄、新117・全234

私ならびに私の弟子《でし》は、諸難《しょなん》があっても、疑《うたが》う心がなければ、自然《しぜん》に仏界《ぶっかい》に至《いた》ることができる。諸天《しょてん》の加護《かご》がないからといって、疑ってはいけない。現世《げんぜ》が安穏《あんのん》でないことを嘆《なげ》いてはいけない。私の弟子に朝夕、このことを教えてきたけれども、疑いを起こして皆《みな》、信心《しんじん》を捨《す》ててしまったようである。拙《つたな》い者の習性《しゅうせい》として、約束《やくそく》したことを、いざという時には忘《わす》れてしまうものである。

*

哀《あわ》れなるかな、今《いま》、日本国《にほんこく》の万人《ばんにん》、日蓮《にちれん》ならびに弟子檀那等《でしだんなとう》が三類《さんるい》の強敵《ごうてき》に責《せ》められ大苦《だいく》に値《あ》うを見《み》て悦《よろこ》んで笑《わら》うとも、昨日《きのう》は人《ひと》の上《うえ》、今日《きょう》は身《み》の上《うえ》なれば、日蓮《にちれん》ならびに弟子檀那《でしだんな》共《とも》に霜露《そうろ》の命《いのち》の日影《ひかげ》を待《ま》つばかりぞかし。只今仏果《ただいまぶっか》に叶《かな》って寂光《じゃっこう》の本土《ほんど》に居住《こじゅう》して自受法楽《じじゅほうらく》せん時《とき》、汝等《なんだち》が阿鼻大城《あびだいじょう》の底《そこ》に沈《しず》んで大苦《だいく》に値《あ》わん時《とき》、我《われ》らいかばかり無慚《むざん》と思《おも》わんずらん、汝等《なんだち》いかばかりうらやま《羨》しく思《おも》わんずらん。一期《いちご》を過《す》ぐること、程《ほど》も無《な》ければ、いかに強敵重《ごうてきかさ》なるとも、ゆめゆめ退《たい》する心《こころ》なかれ、恐《おそ》るる心《こころ》なかれ。

――如説修行抄、新604・全504

なんと哀《あわ》れなことか、今、日本国の全ての人々は、日蓮とその弟子《でし》たちが三類《さんるい》の強敵《ごうてき》に責《せ》められて大きな苦しみに遭《あ》っているのを見て、喜《よろこ》び笑《わら》っているけれども、〝昨日は人の身の上、今日はわが身の上〟であれば、日蓮とその弟子たちの苦しみは、あたかも霜《しも》や露《つゆ》が日の光を受けて消えるまでのような、わずかな間にすぎない。このたび、成仏《じょうぶつ》が叶《かな》って仏の住む国土《こくど》に住んで、自受法楽《じじゅほうらく》する（＝自ら法楽を受ける）時、あざ笑《わら》っていたあなたたちが阿鼻地獄《あびじごく》の底《そこ》に堕《お》ちて大きな苦しみに遭《あ》う時、私たちは、どんなにあなたたちを哀《あわ》れに思うことだろう。あなたたちは、私たちをどんなにうらやましく思うことだろう。

一生が過《す》ぎゆくのは、わずかな間であるから、どんなに強敵《ごうてき》が重なろうとも、決して退《しりぞ》く心を起こしてはならない、恐《おそ》れる心を起こしてはならない。

＊

末法《まっぽう》において、今《いま》、日蓮等《にちれんら》の類《たぐ》いの修行《しゅぎょう》は、妙法蓮華経《みょうほうれんげきょう》を修行《しゅぎょう》するに、難来《なんきた》るをもって安楽《あんらく》と意得《こころう》べきなり。

――御義口伝、新1045・全750

末法《まっぽう》においては、今、日蓮およびその弟子《でし》たちが妙法蓮華経を修行《しゅぎょう》するのに、難《なん》が起こってくることを安楽《あんらく》であると心得《こころえ》るべきである。

＊

各々《おのおの》我《わ》が弟子《でし》となの《名乗》らん人々《ひとびと》は、一人《ひとり》もおく《臆》しおも《思》わるべからず。おや《親》をおもい、めこ《妻子》をおもい、所領《しょりょう》をかえり《顧》みることなかれ。無量劫《むりょうこう》よりこのかた、おや《親》こ《子》のため、所領《しょりょう》のために命《いのち》すてたることは大地微塵《だいちみじん》よりもおおし《多》。法華経《ほけきょう》のゆえにはいまだ一度《いちど》もすてず。法華経《ほけきょう》をばそこばく行《ぎょう》ぜしかども、かかること出《しゅっ》来《たい》せしかば、退転《たいてん》してやみ《止》にき。譬《たと》えば、ゆ《湯》をわか《沸》して水《みず》に入《い》れ、火《ひ》を切《き》るにと《遂》げざるがごとし。各々《おのおの》思《おも》い切《き》り給《たま》え。この身《み》を法華経《ほけきょう》にかう《替》るは、石《いし》に金《こがね》をかえ、糞《ふん》に米《こめ》をかうるなり。

――種々御振舞御書、新1227・全910

おのおの日蓮の弟子《でし》と名乗る人々は、（権力《けんりょく》からの迫害《はくがい》を前にして）一人も臆《おく》する心を起こしてはならない。親のことを心配したり、妻子《さいし》のことを心配したり、所領《しょりょう》を顧《かえり》みてはならない。

無量劫《むりょうこう》の昔から今日まで、親や子のため、また、所領《しょりょう》のために命を捨《す》てたことは、大地を砕《くだ》いて微塵《みじん》にした数よりも多い。だが法華経のためには、いまだ一度も命を捨てたことはない。過去世《かこせ》に法華経をずいぶん修行《しゅぎょう》したけれども、このような大難《だいなん》が出てきたので退転《たいてん》してしまった。それは例《たと》えば、せっかく湯を沸《わ》かしておきながら水に入れてしまい、火をおこすのに途中《とちゅう》でやめて、おこしきれないようなものである（それでは何にもならないではないか）。

今度こそ、おのおの覚悟《かくご》を決めきっていきなさい。この身を法華経にかえるのは、石を黄金と取りかえ、糞《ふん》を米と交換《こうかん》するようなものである。

＊

この法門《ほうもん》を日蓮申《にちれんもう》す故《ゆえ》に、忠言耳《ちゅうげんみみ》に逆《さか》らう道理《どうり》なるが故《ゆえ》に、流罪《るざい》せられ、命《いのち》にも及《およ》びしなり。しかれども、いまだこりず候《そうろう》。

――曽谷殿御返事（成仏用心抄）、新１４３５・全１０５６

この法門《ほうもん》を日蓮が説《と》くので、〝忠言《ちゅうげん》は耳に逆《さか》らう〟というのが道理であるから、流《る》罪《ざい》に処《しょ》され、命の危険《きけん》にも及《およ》んだのである。しかしながら、いまだ懲《こ》りてはいない。

＊

天台山《てんだいさん》に竜門《りゅうもん》と申《もう》す所《ところ》あり。その滝百丈《たきひゃくじょう》なり。春《はる》の始《はじ》めに魚集《うおあつ》まってこの滝《たき》へ登《のぼ》るに、百千《ひゃくせん》に一《ひと》つも登《のぼ》る魚《うお》は竜《りゅう》と成《な》る。この滝《たき》の早《はや》きこと、矢《や》にも過《す》ぎ、電《でん》光《こう》にも過《す》ぎたり。登《のぼ》りがたき上《うえ》に、春《はる》の始《はじ》めにこの滝《たき》に漁《ぎょ》父《ふ》集《あつ》まって魚《うお》を取《と》る。網《あみ》を懸《か》くること百千重《ひゃくせんじゅう》、あるいは射《い》て取《と》り、あるいは酌《く》んで取《と》る。鷲《わし》・鵰《くまたか》・鴟《とび》・梟《ふくろう》・虎《とら》・狼《おおかみ》・犬《いぬ》・狐集《きつねあつ》まって昼夜《ちゅうや》に取《と》り啖《く》らうなり。十年二十年《じゅうねんにじゅうねん》に一《ひと》つも竜《りゅう》となる魚《うお》なし。

——秋元御書、新1465・全1077

中国の天台山《てんだいさん》に竜門《りゅうもん》という所がある。その滝《たき》の高さは百丈《ひゃくじょう》である。春の初《はじ》めに魚が集まり、この滝を登ろうとする時、百千に一つでも登り切った魚は竜《りゅう》となる。この滝の流れは、矢よりも、雷光《らいこう》よりも早い。滝は登りにくい上に、春の初めに漁師《りょうし》が集まって魚を捕《と》る。百重、千重に網《あみ》をかけ、あるいは射《い》たり、すくったりして捕る。鷲《わし》・鵰《くまたか》・鵄《とび》・梟《ふくろう》・虎《とら》・狼《おおかみ》・犬・狐《きつね》も集まってきて、昼夜に捕って食べる。十年、二十年に一つとして竜となる魚はない。

*

この法門《ほうもん》を申《もう》すには、必《かなら》ず魔《ま》出来《しゅったい》すべし。魔競《まきそ》わずば、正法《しょうほう》と知《し》るべからず。第五《だいご》の巻《まき》に云《い》わく「行解《ぎょうげ》既《すで》に勤《つと》めぬれば、三障四魔《さんしょうしま》、紛然《ふんぜん》として競《きそ》い起《お》こる乃至《ないしし》随《したが》うべからず、畏《おそ》るべからず。これに随《したが》えば、人《ひと》を将《ひき》いて悪道《あくどう》に向《む》かわしむ。これを畏《おそ》るれば、正法《しょうほう》を修《しゅ》することを妨《さまた》ぐ」等云々《とううんぬん》。この釈《しゃく》は、日蓮《にちれん》が身《み》に当《あ》たるのみならず、門家《もんけ》の明鏡《みょうきょう》なり。謹《つつし》んで習《なら》い伝《つた》えて未来《みらい》の資糧《しりょう》とせよ。

——兄弟抄、新1479・全1087

この法門《ほうもん》を説《と》くと、必《かなら》ず魔《ま》が現《あらわ》れるのである。魔が競《きそ》い起こらなかったならば、その法が正法《しょうほう》であると考えてはならない。

『摩訶止観《まかしかん》』の第五の巻には「修行《しゅぎょう》が進み、仏法の理解《りかい》が進んでくると、必《かなら》ず三障四魔《さんしょうしま》が入り乱《みだ》れて競《きそ》い起こる。（中略）だが、これに随《したが》ってはならないし、恐《おそ》れてもならない。これに随うならば、人を連《つ》れて悪道《あくどう》に向かわせる。これを恐れるならば、正法《しょうほう》を修行することを妨《さまた》げる」と説《と》かれる。止観のこの釈《しゃく》は、日蓮の身に当てはまるばかりでなく、わが一門の明鏡《めいきょう》である。謹《つつし》んで習い伝《つた》え、未来《みらい》にわたる信心《しんじん》修行の糧《かて》とすべきである。

＊

しお《潮》のひる《干》とみつ《満》と、月《つき》の出《い》ずるといる《入》と、夏《なつ》と秋《あき》と、冬《ふゆ》と春《はる》とのさかい《境》には、必《かなら》ず相違《そうい》することあり。凡夫《ぼんぷ》の仏《ほとけ》になる、またかくのごとし。必《かなら》ず三障四魔《さんしょうしま》と申《もう》す障《さわ》りいで《出》きたれば、賢者《けんじゃ》はよろこび愚者《ぐしゃ》は退《しりぞ》く、これなり。

——兵衛志殿御返事（三障四魔の事）、新１４８８・全１０９１

潮《しお》が干《ひ》る時と満《み》ちる時、月の出る時と入る時、夏と秋、冬と春という変《か》わり目には、必《かなら》ずそれまでと異《こと》なることがある。

凡夫《ぼんぷ》が仏になる時も、また同じである。必《かなら》ず三障四魔《さんしょうしま》という障害《しょうがい》が現《あらわ》れるので、賢者《けんじゃ》は喜《よろこ》び、愚者《ぐしゃ》は退《しりぞ》くというのはこのことである。

*

> 火《ひ》にたきぎ《薪》を加《くわ》うる時《とき》はさかん《盛》なり。大風《おおかぜ》吹《ふ》けば求羅《ぐら》は倍増《ばいぞう》するなり。松《まつ》は万年《まんねん》のよわい《齢》を持《たも》つ故《ゆえ》に枝《えだ》をまげ《曲》らる。法華経《ほけきょう》の行者《ぎょうじゃ》は火《ひ》と求羅《ぐら》とのごとし。薪《たきぎ》と風《かぜ》とは大難《だいなん》のごとし。法華経《ほけきょう》の行者《ぎょうじゃ》は久遠長寿《くおんちょうじゅ》の如来《にょらい》なり。修行《しゅぎょう》の枝《えだ》をきられ、まげられんこと、疑《うたが》いなかるべし。これより後《のち》は、「此経難持《しきょうなんじ》」の四字《よじ》を暫時《ざんじ》もわすれず案《あん》じ給《たも》うべし。
>
> ――四条金吾殿御返事（此経難持の事）、新1545・全1136

火に薪《たきぎ》を加《くわ》える時には火は盛《さか》んに燃《も》える。大風が吹《ふ》けば、求羅《ぐら》（＝仏典《ぶってん》に出てくる想像上《そうぞうじょう》の生き物）は倍増《ばいぞう》するのである。松《まつ》は万年の寿命《じゅみょう》を持つゆえに枝《えだ》を曲げられる。法華経の行者《ぎょうじゃ》は火と求羅に当たり、薪と風は大難《だいなん》に当たる。法華経の行者は久《く》遠長寿《おんちょうじゅ》の如来《にょらい》である。修行《しゅぎょう》の枝を切られ、曲げられることは疑《うたが》いない。

これよりのちは、「此経難持《しきょうなんじ》（この経《きょう》は持《たも》ち難《がた》し）」の四字を片時《かたとき》も忘《わす》れずに心に留《とど》めていきなさい。

＊

ただ世間《せけん》の留難来《るなんきた》るともとり取あえ合給《たも》うべからず。賢人《けんじん》・聖人《しょうにん》もこのことはのが逃れず。

ただ女房《にょうぼう》と酒うち打のみ飲て、南無妙法蓮華経《なんみょうほうれんげきょう》ととなえ唱給《たま》え。


――四条金吾殿御返事（衆生所遊楽御書）、新1554・全1143

ただ、世間の種々《しゅじゅ》の難《なん》が襲《おそ》ってきても、とりあってはいけない。賢人《けんじん》や聖人《しょうにん》であっても、このことは逃《のが》れられないからである。

ただ、女房《にょうぼう》と酒を飲み、南無妙法蓮華経と唱《とな》えていきなさい。

真実《しんじつ》、一切衆生《いっさいしゅじょう》、色心《しきしん》の留難《るなん》を止《とど》むる秘術《ひじゅつ》は、ただ南無妙法蓮華経《なんみょうほうれんげきょう》なり。

——四条金吾殿御返事（留難を止むる秘術の事）、新1598・全1170

*

真実に、一切衆生《いっさいしゅじょう》の色心《しきしん》の留難《るなん》をとどめる秘術《ひじゅつ》は、ただ南無妙法蓮華経なのである。

*

我《われ》ら、現《げん》にはこの大難《だいなん》に値《あ》うとも、後生《ごしょう》は仏《ほとけ》にな《成》りなん。たとえば灸治《きゅうじ》のごとし。当時《とうじ》はい《痛》たけれども、後《のち》の薬《くすり》なれば、いたくていたからず。

——聖人御難事、新1620・全1190

我らは、現在《げんざい》は、仏法のためにこのような大難《だいなん》に遭《あ》ったとしても、来世《らいせ》は仏になれるのである。例《たと》えば、お灸《きゅう》のようなものである。その時は痛《いた》いけれども、のちには薬となるのであるから、痛くても本当は痛くはないのである。

*

法華経《ほけきょう》を信《しん》ずる人《ひと》は冬《ふゆ》のごとし。冬《ふゆ》は必《かなら》ず春《はる》となる。いまだ昔《むかし》よりき《聞》かずみ《見》ず、冬《ふゆ》の秋《あき》とかえ《返》れることを。いまだき《聞》かず、法華経《ほけきょう》を信《しん》ずる人《ひと》の凡夫《ぼんぷ》となることを。

——妙一尼御前御消息（冬は必ず春となるの事）、新1696・全1253

法華経を信《しん》じる人は冬のようなものである。冬は必《かなら》ず春となる。昔から今まで、聞いたこともないし見たこともない、冬が秋に戻《もど》るということを。（同じように）今まで聞いたことがない、法華経を信《しん》じる人が仏になれず、凡夫《ぼんぷ》のままでいることを。

*

末法《まっぽう》には法華経《ほけきょう》の行者必《ぎょうじゃかなら》ず出来《しゅったい》すべし。ただし、大難来《だいなんきた》りなば、強盛《ごうじょう》の信心《しんじん》いよいよ悦《よろこ》びをなすべし。火《ひ》に薪《たきぎ》をくわえ《加》んに、さか《熾》んなることなかるべしや。大海《たいかい》へ衆流《しゅる》入《い》る。されども、大海《たいかい》は河《かわ》の水《みず》を返《かえ》すことありや。法華大海《ほっけたいかい》の行者《ぎょうじゃ》に諸河《しょが》の水《みず》は大難《だいなん》のごとく入《い》れども、かえ《返》すこと、とが《咎》むることなし。諸河《しょが》の水《みず》入《い》ることなくば、大海《たいかい》あるべからず。大難《だいなん》なくば、法華経《ほけきょう》の行者《ぎょうじゃ》にはあらじ。

——椎地四郎殿御書、新1720・全1448

末法《まっぽう》には法華経の行者《ぎょうじゃ》が必《かなら》ず出現《しゅつげん》する。ただし、大難《だいなん》が来た時には強盛《ごうじょう》の信心《しんじん》で、いよいよ喜《よろこ》んでいくべきである。

火に薪《たきぎ》を加《くわ》えて盛《さか》んにならないことがあろうか。大海へ多くの川が流れ込《こ》む。しかし、大海は川の水を返すことがあるだろうか。法華経を持《たも》つ大海のごとき行者《ぎょうじゃ》には、大難《だいなん》が多くの川の水のように流れ込んでも、その水を押《お》し返したり、とがめだてしたりすることはない。多くの川の水が入ることがなければ大海はない。大難がなければ、法華経の行者であるはずがない。

*

虎《とら》うそ《嘯》ぶけば大風《おおかぜ》ふ《吹》く、竜《りゅう》ぎん《吟》ずれば雲《くも》おこ《起》る。野兎《やと》のうそ《嘯》ぶき、驢馬《ろば》のいば《嘶》うるに、風《かぜ》ふ《吹》かず、雲《くも》おこ《起》ることとなし。愚者《ぐしゃ》が法華経《ほけきょう》をよ《読》み賢者《けんじゃ》が義《ぎ》を談《だん》ずる時《とき》は、国《くに》もさわ《騒》がず、事《こと》もおこらず。聖人出現《しょうにんしゅつげん》して仏《ほとけ》のごとく法華経《ほけきょう》を談《だん》ぜん時《とき》、一国《いっこく》もさわぎ、在世《ざいせ》にす《過》ぎたる大難《だいなん》おこるべしとみ《見》えて候《そうろう》。

——上野殿御返事（梵帝御計らいの事）、新1866・全1538

虎《とら》がほえれば大風が吹《ふ》き、竜《りゅう》が唸《うな》れば雲が起こると言われる。野兎《のうさぎ》が鳴き、驢馬《ろば》がいなないても、風も吹かず、雲が起こることもない。同様に、愚者《ぐしゃ》が法華経を読んだり、賢者《けんじゃ》が法華経の義《ぎ》を説《と》いても、国は騒《さわ》がしくならず、何事も起こらない。

しかし、聖人《しょうにん》が出現《しゅつげん》して仏のごとくに法華経を説《と》くときは、一国も騒《さわ》がしくなり、釈尊在世《しゃくそんざいせ》にも勝《まさ》る大難《だいなん》が起こると説かれている。

□三類《さんるい》の強敵《ごうてき》

真実《しんじつ》の法華経《ほけきょう》の如説修行《にょせつしゅぎょう》の行者《ぎょうじゃ》の師弟《してい》・檀那《だんな》とならんには、三類《さんるい》の敵人決定《てきじんけつじょう》せり。されば、この経《きょう》を聴聞《ちょうもん》し始《はじ》めん日《ひ》より思《おも》い定《さだ》むべし。「況滅度後《きょうめつどご》（いわんや滅度《めつど》して後《のち》をや）」の大難《だいなん》の三類甚《さんるいはなは》だしかるべしと。

——如説修行抄、新５９９・全５０１

真実の法華経の如説修行《にょせつしゅぎょう》（＝仏の説《と》いた教え通りに修行すること）の行者《ぎょうじゃ》として行動する師《し》であり、弟子檀那《でしだんな》であるならば、三類《さんるい》の敵人《てきじん》が必《かなら》ず現《あらわ》れる。

そうであるからこそ、この法華経を聞き、信心《しんじん》を始めた日から覚悟《かくご》を決めるべきである。（法華経法師品《ほっしほん》に）「まして、釈尊《しゃくそん》が入滅《にゅうめつ》したのちの時代は、なおさら多くの反発《はんぱつ》や敵対《てきたい》を受ける」と説《と》かれる通りの三類《さんるい》の敵人《てきじん》による大難《だいなん》が激《はげ》しいであろうと。

＊

如説修行《にょせつしゅぎょう》の法華経《ほけきょう》の行者《ぎょうじゃ》には、三類《さんるい》の強敵《ごうてき》打ち定《さだ》んで有《あ》るべしと知《し》り給《たま》え。されば、釈尊《しゃくそん》御入滅《ごにゅうめつ》の後《のち》二千余年《にせんよねん》が間《あいだ》に、如説修行《にょせつしゅぎょう》の行者《ぎょうじゃ》は、釈尊《しゃくそん》・天台《てんだい》・伝《でん》教《ぎょう》の三人《さんにん》はさておき候《そうら》いぬ、末法《まっぽう》に入《い》っては、日蓮《にちれん》ならびに弟子檀那《でしだんな》等《とう》これなり。

――如説修行抄、新６０４・全５０４

如説修行《にょせつしゅぎょう》（＝仏の説《と》いた教え通りに修行すること）の法華経の行者《ぎょうじゃ》には、三類《さんるい》の強敵《ごうてき》が必《かなら》ずあるものだと知るべきである。

したがって、釈尊《しゃくそん》が御入滅《ごにゅうめつ》されたのち、二千余年の間に、如説修行《にょせつしゅぎょう》の行者《ぎょうじゃ》とは、釈尊・天台《てんだい》・伝教《でんぎょう》の三人はさておいて、末法《まっぽう》に入っては日蓮ならびに弟子《でし》檀那《だんな》たちのことなのである。

□仏と魔《ま》

> 法華宗《ほっけしゅう》の心《こころ》は一念三千《いちねんさんぜん》なり。性悪《しょうあく》・性善《しょうぜん》、妙覚《みょうかく》の位《くらい》になお備《そな》われり。元品《がんぽん》の法性《ほっしょう》は梵天《ぼんてん》・帝釈等《たいしゃくとう》と顕《あらわ》れ、元品《がんぽん》の無明《むみょう》は第六天《だいろくてん》の魔王《まおう》と顕《あらわ》れたり。
>
> ――治病大小権実違目、新１３３１・全９９７

法華宗《ほっけしゅう》の心は、一念三千《いちねんさんぜん》である。性悪《しょうあく》（＝本性《ほんしょう》としての悪）も性善《しょうぜん》（＝本性としての善）も妙覚《みょうかく》の仏の位《くらい》になお具《そな》わっているのである。（本性としての善である）元品《がんぽん》の法性《ほっしょう》は梵天《ぼんてん》・帝釈《たいしゃく》などの諸天善神《しょてんぜんじん》として顕《あらわ》れ、（本性としての悪である）元品の無明《むみょう》は第《だい》六天《ろくてん》の魔王《まおう》として顕れるのである。

＊

三障《さんしょう》と申《もう》すは、煩悩障《ぼんのうしょう》・業障《ごうしょう》・報障《ほうしょう》なり。煩悩障《ぼんのうしょう》と申《もう》すは、貪《とん》・瞋《じん》・癡等《ちとう》によりて障礙《しょうげ》出来《しゅったい》すべし。業障《ごうしょう》と申《もう》すは、妻子等《さいしとう》によりて障礙《しょうげ》出来《しゅったい》すべし。報障《ほうしょう》と申《もう》すは、国主《こくしゅ》・父母等《ふぼとう》によりて障礙《しょうげ》出来《しゅったい》すべし。

――兄弟抄、新1480・全1088

「三障《さんしょう》」というのは、煩悩障《ぼんのうしょう》・業障《ごうしょう》・報障《ほうしょう》のことである。煩悩障というのは、貪《むさぼ》り・瞋《いか》り・癡《おろ》かなどによって妨《さまた》げが現《あらわ》れるのである。業障というのは、妻子《さいし》らによって妨げが現れるのである。報障というのは、権力者《けんりょくしゃ》や父母らによって妨げが現れるのである。

＊

第六天《だいろくてん》の魔王《まおう》、十軍《じゅうぐん》のいくさ《戦》をおこ《起》して、法華経《ほけきょう》の行者《ぎょうじゃ》と生死海《しょうじかい》の海中《かいちゅう》にして、同居穢土《どうごえど》を、と《取》られじ、うば《奪》わんとあらそ《争》う。日蓮《にちれん》その身《み》にあいあたり《相当》て、大兵《たいへい》をおこ《起》して二十余年《にじゅうよねん》なり。日蓮《にちれん》、一度《いちど》もしりぞく《退》心《こころ》なし。しかりといえども、弟子等《でしら》・檀那等《だんなら》の中《なか》に、臆病《おくびょう》のもの《者》、大体《だいたい》あるいはおち《落》、あるいは退転《たいてん》の心《こころ》あり。

――弁殿並尼御前御書、新1635・全1224

第六天《だいろくてん》の魔王《まおう》は、十種《じっしゅ》の魔《ま》の軍勢《ぐんぜい》を用《もち》いて戦《いくさ》を起こし、法華経の行者《ぎょうじゃ》を相手に、生死《しょうじ》の苦しみの海の中で、凡夫《ぼんぷ》と聖人《しょうにん》がともに住んでいるこの娑婆世界《しゃばせかい》を〝取られまい〟〝奪《うば》おう〟と争《あらそ》っている。日蓮は、その第六天の魔王と戦う身に当たって、大きな戦を起こして、二十数年になる。その間、日蓮は一度も退《しりぞ》く心はない。しかし、弟子《でし》たち、檀那《だんな》たちの中で臆病《おくびょう》の者は大体、退転《たいてん》し、あるいは退転の心がある。

□ 勇気・忍耐《にんたい》

強敵《ごうてき》を伏《ふく》して始《はじ》めて力士《りきし》をしる。

——佐渡御書、新1285・全957

強敵《ごうてき》を倒《たお》して、初《はじ》めて力のある者であると分かる。

＊

法華経《ほけきょう》を説《と》く人《ひと》は、「柔和忍辱衣《にゅうわにんにくえ》」と申《もう》して必《かなら》ず衣《ころも》あるべし。

——御衣並単衣御書、新1310・全971

法華経を説《と》く人は、（法華経法師品《ほっしほん》にある）「柔和忍辱《にゅうわにんにく》の衣《ころも》」という衣を着るべきである。

*

各々《おのおの》、師子王《ししおう》の心《こころ》を取《と》り出《い》だして、いかに人《ひと》おどす《脅》ともおず《怖》ることなかれ。師子王《ししおう》は百獣《ひゃくじゅう》におじず。師子《しし》の子《こ》、またかくのごとし。彼《かれ》らは野干《やかん》のほう《吠》るなり。日蓮《にちれん》が一門《いちもん》は師子《しし》の吼《ほ》うるなり。

——聖人御難事、新1620・全1190

おのおのは師子王《ししおう》の心を取り出して、どのように人が脅《おど》しても、決して恐《おそ》れることがあってはならない。師子王は百獣《ひゃくじゅう》を恐れない。師子の子もまた同じである。彼《かれ》ら（＝正法《しょうほう》を誹謗《ひぼう》する人々）は野干《やかん》（＝キツネの類《たぐ》い）が吠《ほ》えているようなものである。日蓮の一門は師子が吼《ほ》えるのである。

なにの兵法《へいほう》よりも法華経《ほけきょう》の兵法《へいほう》をもちい《用》給《たも》うべし。「諸余《しょよ》の怨敵《おんてき》は、みな摧滅《ざいめつ》す」の金言《きんげん》むなしかる《虚》べからず。兵法《へいほう》・剣形《けんぎょう》の大事《だいじ》もこの妙法《みょうほう》より出《い》でたり。ふかく信心《しんじん》をとり給《たま》え。あえて臆病《おくびょう》にては叶《かな》うべからず候《そうろう》。

――四条金吾殿御返事（法華経兵法の事）、新１６２３・全１１９２

どのような兵法《へいほう》よりも、法華経の兵法を用《もち》いなさい。（法華経薬王品《やくおうほん》にある）「その他の敵は、皆《みな》ことごとく打ち破《やぶ》る」との金言は、決して空言《そらごと》であるはずがない。兵法《へいほう》や剣術《けんじゅつ》の真髄《しんずい》も、この妙法《みょうほう》から出たものである。深く信心《しんじん》を起こしなさい。臆病《おくびょう》であっては、何事も叶《かな》わないのである。

＊

願《ねが》わくは、我《わ》が弟子《でし》等《ら》、師子王《ししおう》の子《こ》となりて、群狐《ぐんこ》に笑《わら》わるることなかれ。過《か》去遠々劫《こおんのんごう》より已来《このかた》、日蓮《にちれん》がごとく身命《しんみょう》をすて《捨》て強敵《ごうてき》の科《とが》を顕《あらわ》す師《し》には値《あ》いがた《難》かるべし。国王《こくおう》の責《せ》めなお《猶》おそ《恐》ろし、いおうや《況》閻魔《えんま》のせめ《責》をや。日本国《にほんこく》のせめ《責》は水《みず》のごとし。ぬ《濡》るるをおそ《恐》るることなかれ。閻魔《えんま》のせめ《責》は火《ひ》のごとし。裸《はだか》にして入《い》るとおも《思》え。

――閻浮提中御書、新2048・全1589

願《ねが》わくは、日蓮の弟子《でし》たちは師子王《ししおう》の子となって、群《む》れなす狐《きつね》などに笑《わら》われることがあってはならない。過去遠々劫以来《かこおんのんごういらい》、日蓮のように、身命《しんみょう》を捨《す》てて強敵《ごうてき》の罪《つみ》を顕《あらわ》す師《し》には値《あ》いがたいのである。国主の責《せ》めでさえも恐《おそ》ろしい。ましてや（法華経の敵《かたき》を責めないで遭《あ》う）閻魔王《えんまおう》の責めはさらに恐ろしい。日本国の（上下万民《じょうげばんみん》が加《くわ》える）責めなどは、水のようなものである。濡《ぬ》れることを恐れてはならない。閻魔王の責めは火のようなものである。その中に裸《はだか》で入るようなものであると思いなさい。

□団《だん》結《けつ》

汝《なんじ》、蘭室《らんしつ》の友《とも》に交《まじ》わって麻畝《まほ》の性《しょう》と成《な》る。

——立正安国論、新43・全31

あなたは、香《かお》り高い蘭室《らんしつ》の友に交《まじ》わって感化され、麻畑《あさばたけ》に生える蓬《よもぎ》のようにまっすぐな性質《せいしつ》になった。

*

外道《げどう》・悪人《あくにん》は如来《にょらい》の正法《しょうほう》を破《やぶ》りがたし。仏弟子等《ぶつでしとう》、必《かなら》ず仏法《ぶっぽう》を破《やぶ》るべし。「師《し》子身中《ししんちゅう》の虫《むし》の師子《しし》を食《は》む」等云々《とううんぬん》。大果報《だいかほう》の人《ひと》をば他《た》の敵《かたき》やぶ《破》りがたし、親《した》しみより破《やぶ》るべし。

――佐渡御書、新1286・全957

仏教以外《いがい》の教えや悪人は、仏が説《と》いた正法《しょうほう》を破《やぶ》ることはできない。必《かなら》ず、仏弟子《ぶつでし》たちが仏法を破るのである。「師子身中《しししんちゅう》の虫が、師子を内から食う」と言われるのは、これである。同様に、大果報《だいかほう》を受けている人を、外の敵《かたき》は破ることはできず、身内によって破られるのである。

*

総《そう》じて、日蓮《にちれん》が弟子檀那等《でしだんなとう》、自他《じた》・彼此《ひし》の心《こころ》なく、水魚《すいぎょ》の思《おも》いを成《な》して、異体《いたい》同心《どうしん》にして南無妙法蓮華経《なんみょうほうれんげきょう》と唱《とな》え奉《たてまつ》るところを、生死一大事《しょうじいちだいじ》の血脈《けつみゃく》とは云《い》うなり。しかも、今《いま》、日蓮《にちれん》が弘通《ぐつう》するところの所詮《しょせん》これなり。もししからば、広宣流《こうせんる》布《ふ》の大願《だいがん》も叶《かな》うべきものか。あまつさえ、日蓮《にちれん》が弟子《でし》の中《なか》に異体異心《いたいいしん》の者《もの》これ有《あ》らば、例《れい》せば、城者《じょうしゃ》として城《しろ》を破《やぶ》るがごとし。

——生死一大事血脈抄、新1775・全1337

総《そう》じて日蓮の弟子檀那《でしだんな》たちが、自分と他人、彼《かれ》と此《これ》という分け隔《へだ》ての心をもたず、水と魚のように親密《しんみつ》な思いを抱《いだ》き、異体同心《いたいどうしん》で南無妙法蓮華経と唱《とな》えていくことを、生死一大事《しょうじいちだいじ》の血脈《けつみゃく》というのである。

しかも今、日蓮が弘通《ぐつう》する肝要《かんよう》はこれである。もし、この通りになるなら、広宣《こうせん》流布《るふ》の大願《だいがん》も成就《じょうじゅ》するであろう。

それどころか、日蓮の弟子《でし》の中に異体異心《いたいいしん》の者があれば、それは例《たと》えば、城《しろ》の中にいる者が内部から城を破《やぶ》るようなものである。

＊

異体同心《いたいどうしん》なれば万事《ばんじ》を成《じょう》じ、同体異心《どうたいいしん》なれば諸事叶《しょじかな》うことなしと申《もう》すことは、外典三千余巻《げてんさんぜんよかん》に定《さだ》まって候《そうろう》。殷《いん》の紂王《ちゅうおう》は、七十万騎《ななじゅうまんき》なれども、同体異心《どうたいいしん》なればいくさ《戦》にまけ《負》ぬ。周《しゅう》の武王《ぶおう》は、八百人《はっぴゃくにん》なれども、異体同心《いたいどうしん》なればかち《勝》ぬ。（中略）日蓮《にちれん》が一類《いちるい》は、異体同心《いたいどうしん》なれば、人々《ひとびと》すくなく候《そうら》えども、大事《だいじ》を成《じょう》じて一定法華《いちじょうほけ》経《きょう》ひろまり《広》なんと覚《おぼ》え候《そうろう》。悪《あく》は多《おお》けれども、一善《いちぜん》にかつ《勝》ことなし。譬《たと》えば、多《おお》くの火《ひ》あつまれども、一水《いっすい》にはきえ《消》ぬ。この一門《いちもん》も、またかくのごとし。

――異体同心事、新２０５４・全１４６３

異体同心《いたいどうしん》であれば万事を成《な》し遂《と》げることができるが、同体異心《どうたいいしん》であれば諸事万般《しょじばんぱん》にわたって叶《かな》うことはないことは、外典《げてん》の三千余巻《さんぜんよかん》の書物にも定まっていることである。殷《いん》の紂王《ちゅうおう》は、七十万騎《き》であったが同体異心であったので、戦《たたか》いに負けてしまった。周《しゅう》の武王《ぶおう》は、わずか八百人であったけれど、異体同心であったので、勝った

のである。（中略）

日蓮の門下は異体同心《いたいどうしん》であるので、人々は少ないけれども、大事を成《な》し遂《と》げて、必《かなら》ず法華経が広まるであろうと考えるのである。悪は多けれども一善《いちぜん》に勝《か》つことはない。例《たと》えば、多くの火が集まっても一水《いっすい》によって消えてしまう。この一門もまた同様なのである。

□福　運

> 鬼子母神《きしもじん》・十羅刹女《じゅうらせつにょ》、法華経《ほけきょう》の題目《だいもく》を持《たも》つものを守護《しゅご》すべしと見《み》えたり。さ《幸》いわいは愛染《あいぜん》のごとく、福《ふく》は毘沙門《びしゃもん》のごとくなるべし。
>
> ——経王殿御返事、新１６３３・全１１２４

鬼子母神《きしもじん》、十羅刹女《じゅうらせつにょ》は、法華経の題目を持《たも》つ人を必《かなら》ず守護《しゅご》すると、経文《きょうもん》に書かれてある。幸いは愛染明王《あいぜんみょうおう》のように、福徳《ふくとく》は毘沙門天《びしゃもんてん》のように満《み》ちていくことだろう。

＊

蔵《くら》の財《たから》よりも身《み》の財《たから》すぐれ《勝》たり、身《み》の財《たから》より心《こころ》の財《たから》第一《だいいち》なり。この御文《おんふみ》を御《ご》覧《らん》あらんよりは、心《こころ》の財《たから》をつま《積》せ給《たも》うべし。

——崇峻天皇御書（三種財宝御書）、新1596・全1173

蔵《くら》に蓄《たくわ》える財宝《ざいほう》よりも身の財《たから》がすぐれ、身の財よりも心に積《つ》んだ財が第一である。この手紙をご覧《らん》になってから以後《いご》は、心の財を積んでいきなさい。

*

夫《そ》れ、運《うん》きわま《窮》りぬれば兵法《へいほう》もいら《要》ず、果報《かほう》つき《尽》ぬれば所従《しょじゅう》もしたが《従》わず。

——四条金吾殿御返事（法華経兵法の事）、新1622・全1192

そもそも、運が尽《つ》きてしまえば、兵法《へいほう》も役に立たなくなり、福徳《ふくとく》が尽きてしまえば、家来も従《したが》わない。

*

> 今《いま》、日本国《にほんこく》の、法華経《ほけきょう》をかたき《敵》として、わざわい《禍》を千里《せんり》の外《そと》よりまねき《招》出《い》だせり。これをもっておもう《思》に、今《いま》また法華経《ほけきょう》を信《しん》ずる人《ひと》は、さいわい《幸》を万里《ばんり》の外《そと》よりあつむ《集》べし。
>
> ——十字御書、新2037・全1492

今、日本の国は法華経を敵として、禍《わざわい》を千里の外から招《まね》き現《あらわ》している。このことから考えてみると、今また、法華経を信《しん》じる人は幸いを万里《ばんり》の外から集めることであろう。

花《はな》は開《ひら》いて果《み》となり、月《つき》は出《い》でて必《かなら》ずみち《満》、灯《ともしび》は油《あぶら》をさ《差》せば光《ひかり》を増《ま》し、草木《そうもく》は雨《あめ》ふれ《降》ばさか《栄》う。人《ひと》は善根《ぜんこん》をなせば必《かなら》ずさか《栄》う。

——上野殿御返事（正月三日の事）、新1897・全1562

花は咲《さ》いて果《み》となり、月は出て必《かなら》ず満《み》ち、ともしびは油をさせば光を増《ま》し、草木は雨が降《ふ》れば茂《しげ》る。人は善根《ぜんこん》を積《つ》めば必ず栄《さか》える。

＊

末代《まつだい》なれどもかしこ《賢》き上《うえ》、欲《よく》なき身《み》と生《う》まれて、三人《さんにん》ともに仏《ほとけ》になり給《たま》い、ち《父》

ちかた《方》、はは《母》かた《方》のるい《類》をもすくい《救》給《たも》う人《ひと》となり候《そうら》いぬ。
また、との《殿》の御子息等《ごしそくとう》も、すえ《末》の代《よ》はさかう《栄》べしとおぼしめ《思》せ。

――兵衛志殿御返事（一族末代栄えの事）、新1498　※新規収録

末法《まっぽう》の世ではあるけれども、（あなた〈＝池上宗長《いけがみむねなが》〉は）賢《かしこ》いうえ、欲《よく》のない身に生まれて、（父・兄・あなたの）三人とも仏になり、父方・母方の親類《しんるい》をも救《すく》う人になったのである。

また、あなたのご子息たちも、末代《まつだい》まで永《なが》く栄《さか》えるであろうと思いなさい。

□地域広布《ちいきこうふ》

阿《あ》仏房《ぶつぼう》しかしながら北国《ほっこく》の導師《どうし》とも申《もう》しつべし。
――阿仏房御書(宝塔御書)、新1733・全1304

阿《あ》仏房《ぶつぼう》、あなたは、まさしく北国の導師《どうし》とも言うべきであろう。

＊

その国《くに》の仏法《ぶっぽう》は貴辺《きへん》にまか任せたてまつり候《そうろう》ぞ。「仏種《ぶっしゅ》は縁《えん》より起《お》こる。この故《ゆえ》に一乗《いちじょう》を説《と》く」なるべし。

――高橋殿御返事(米穀御書)、新1953・全1467

その国の仏法流布《るふ》は、あなたにお任《まか》せする。「仏種《ぶっしゅ》は縁《えん》によって起こる。そのゆえに一乗《いちじょう》（法華経）を説《と》く」のである。

□寂光土《じゃっこうど》

法華経《ほけきょう》を持《たも》ち奉《たてまつ》る処《ところ》を、「当詣道場《とうけいどうじょう》」と云《い》うなり。ここを去《さ》ってかしこに行《い》くにはあらざるなり。「道場《どうじょう》」とは、十界《じっかい》の衆生《しゅじょう》の住所《じゅうしょ》を云《い》うなり。今《いま》、日蓮《にちれん》等の類《たぐ》い、南無妙法蓮華経《なんみょうほうれんげきょう》と唱《とな》え奉《たてまつ》る者《もの》の住所《じゅうしょ》は、山谷曠野《せんごくこうや》、皆《みな》、寂光土《じゃっこうど》なり。これを「道場《どうじょう》」と云《い》うなり。

——御義口伝、新1086・全781

法華経を受持《じゅじ》する所を「当《まさ》に道場に詣《いた》るべし」というのである。ここ（＝娑婆世界《しゃばせかい》）を去って、かしこ（＝極楽浄土等《ごくらくじょうどとう》の他の国土《こくど》）へ行くことではない。「道場」とは十界《じっかい》の衆生《しゅじょう》の住所をいうのである。

今、日蓮およびその弟子《でし》たちのように、南無妙法蓮華経と唱《とな》える者の住所は、それが山であれ、谷であれ、広野であれ、いずこも寂光土《じゃっこうど》である。これを「道場」というのである。

＊

日蓮《にちれん》が難《なん》にあう遭所《ところ》ごとに仏土《ぶつど》なるべきか。娑婆世界《しゃばせかい》の中《なか》には日本国《にほんこく》、日本国《にほんこく》の中《なか》には相模国《さがみのくに》、相模国《さがみのくに》の中《なか》には片瀬《かたせ》、片瀬《かたせ》の中《なか》には竜《たつ》の口《くち》に日蓮《にちれん》が命《いのち》をとどめ留おく置ことは、法華経《ほけきょう》の御故《おんゆえ》なれば、寂光土《じゃっこうど》ともいうべきか。

——四条金吾殿御消息、新1516・全1113

日蓮が難《なん》に遭《あ》う所ごとに仏土《ぶつど》となるのである。娑婆世界《しゃばせかい》の中では日本国、日本国の中では相模《さがみ》の国、相模の国の中では片瀬《かたせ》、片瀬の中では竜《たつ》の口《くち》に、日蓮が命を留《とど》め置《お》くことは法華経のゆえであるから、その地は寂光土《じゃっこうど》ともいうべきであろう。

そもそも地獄《じごく》と仏《ほとけ》とはいずれの所《ところ》に候《そうろう》ぞとたずね候《そうら》えば、あるいは地《ち》の下《した》と申《もう》す経《きょう》もあり、あるいは西方等《さいほうとう》と申《もう》す経《きょう》も候《そうろう》。しかれども、委細《いさい》にたずね候《そうら》えば、我《われ》らが五尺《ごしゃく》の身《み》の内《うち》に候《そうろう》とみ《見》えて候《そうろう》。

――十字御書、新2036・全1491

さて、地獄《じごく》と仏とは、どこに存在《そんざい》するのかと探《さが》し求《もと》めてみると、あるいは（地獄は）地の下にあるという経《きょう》もあり、あるいは（仏は）西方などにいらっしゃるという経もある。

しかし、さらに探求《たんきゅう》してみると、私たちの五尺《ごしゃく》（＝一尺《いっしゃく》は、約《やく》三〇・三《セン》《チ》）の身の内に（地獄《じごく》も仏も）存在《そんざい》すると説《と》き示《しめ》されているのである。

＊

夫《そ》れ、浄土《じょうど》というも、地獄《じごく》というも、外《ほか》には候《そうら》わず。ただ我《われ》らがむね《胸》の間《あいだ》にあり。これをさとる《覚》を仏《ほとけ》という。これにまよう《迷》を凡夫《ぼんぷ》と云《い》う。

――上野殿後家尼御返事、新1832・全1504

そもそも、浄土《じょうど》といっても地獄《じごく》といっても、ほかにあるのではない。ただ我らの胸中《きょうちゅう》にある。これを覚《さと》るのを仏という。これに迷《まよ》うのを凡夫《ぼんぷ》という。

□歓喜《かんき》・遊楽《ゆうらく》

始《はじ》めて我《わ》が心本来《こころほんらい》の仏《ほとけ》なりと知《し》るを、即《すなわ》ち「大歓喜《だいかんぎ》」と名《な》づく。いわゆる、南《な》無妙法蓮華経《んみょうほうれんげきょう》は歓喜《かんき》の中《なか》の大歓喜《だいかんき》なり。

――御義口伝、新1097・全788

初《はじ》めて自分の心が本来の仏であると知ることを、すなわち「大歓喜《だいかんぎ》」というのである。いわゆる南無妙法蓮華経は、歓喜《かんき》の中の大歓喜である。

＊

一切衆生《いっさいしゅじょう》、南無妙法蓮華経《なんみょうほうれんげきょう》と唱《とな》うるより外《ほか》の遊楽《ゆうらく》なきなり。経《きょう》に云《い》わく「衆《しゅ》

> 生所遊楽《じょうしょゆうらく》（衆生《しゅじょう》の遊楽《ゆうらく》する所《ところ》）」云々《うんぬん》。（中略）「遊楽《ゆうらく》」とは、我《われ》らが色心《しきしん》・依正《えしょう》ともに一念三千《いちねんさんぜん》・自受用身《じじゅゆうしん》の仏《ほとけ》にあらずや。法華経《ほけきょう》を持《たも》ち奉《たてまつ》るより外《ほか》に遊楽《ゆうらく》はなし。「現世安穏《げんぜあんのん》、後生善処《ごしょうぜんしょ》」とは、これなり。
>
> ――四条金吾殿御返事（衆生所遊楽御書）、新1554・全1143

一切衆生《いっさいしゅじょう》にとって、南無妙法蓮華経と唱《とな》える以外《いがい》の遊楽《ゆうらく》はない。（法華経寿量品《じゅりょうほん》の）経文《きょうもん》に「（仏の住むこの娑婆世界《しゃばせかい》は）衆生《しゅじょう》の遊楽《ゆうらく》する所である」とある。（中略）

「遊楽《ゆうらく》」とは、私たちの色法《しきほう》（＝肉体）も心法《しんぽう》（＝精神《せいしん》）も、依報《えほう》（＝環境《かんきょう》）も正報《しょうほう》（＝主体）も、ともに一念三千《いちねんさんぜん》であり、自受用身《じじゅゆうしん》の仏ではないか。法華経を持《たも》つ以外《いがい》に遊楽《ゆうらく》はない。（法華経薬草喩品《やくそうゆほん》にある）「現世《げんぜ》は安穏《あんのん》であり、来世《らいせ》には善《よ》い所に生まれる」とはこのことなのである。

迦葉尊者《かしょうそんじゃ》にあらずとも、まい《舞》をもまい《舞》ぬべし。舎利弗《しゃりほつ》にあらねども、立《た》っておどり《踊》ぬべし。上行菩薩《じょうぎょうぼさつ》の大地《だいち》よりいで《出》給《たま》いしには、おどり《踊》てこそいで《出》給《たま》いしか。

――大悪大善御書、新２１４５・全１３００

迦葉尊者《かしょうそんじゃ》でなくても、舞《まい》を舞うべきところである。舎利弗《しゃりほつ》でなくても、立って踊《おど》るべきところである。上行菩薩《じょうぎょうぼさつ》が大地から現《あらわ》れた時には、まさに踊り出られたのである。

□仏法は勝負

夫《そ》れ、仏法《ぶっぽう》と申《もう》すは勝負《しょうぶ》をさき《先》とし、王法《おうぼう》と申《もう》すは賞罰《しょうばつ》を本《もと》とせり。故《ゆえ》に、仏《ほとけ》をば世雄《せおう》と号《ごう》し、王《おう》をば自在《じざい》となづ《名》けたり。

——四条金吾殿御返事（世雄御書）、新1585・全1165

*

そもそも、仏法というのは勝負を第一とし、王法というのは賞罰《しょうばつ》を根本《こんぽん》としている。ゆえに、仏を世雄《せおう》と号《ごう》し、王を自在《じざい》と名付《なづ》けるのである。

仏法《ぶっぽう》と申《もう》すは道理《どうり》なり。道理《どうり》と申《もう》すは主《しゅ》に勝《か》つものなり。

――四条金吾殿御返事（世雄御書）、新１５９０・全１１６９

仏法というのは道理である。道理というのは、主（＝主人・主君《しゅくん》）の権力《けんりょく》に勝《か》っていけるのである。

*

日蓮《にちれん》、仏法《ぶっぽう》をこころ《試》みるに、道理《どうり》と証文《しょうもん》とにはす《過》ぎず。また道理《どうり》・証文《しょうもん》よりも現証《げんしょう》にはすぎず。

――三三蔵祈雨事、新１９４１・全１４６８

日蓮が仏法の勝劣《しょうれつ》を判断《はんだん》しようとするのに、道理と証文《しょうもん》以上《いじょう》に大切なものはない。さらに、道理・証文よりも大切なのが現証《げんしょう》である。

＊

そもそも、俗諦《ぞくたい》・真諦《しんたい》の中《なか》には勝負《しょうぶ》をもって詮《せん》となし、世間《せけん》・出世《しゅっせ》とも甲乙《こうおつ》をもって先《さき》となすか。

——大田殿許御書、新1363・全1002

そもそも、俗世間《ぞくせけん》においても、真実の世界である仏法においても、勝負が肝要《かんよう》であり、世間も出世間《しゅっせけん》（＝仏法）も、勝劣《しょうれつ》を決することを最《もっと》も大切なこととするか。

＊

結句《けっく》は、勝負《しょうぶ》を決《けっ》せざらん外《ほか》は、この災難《さいなん》止《や》み難《がた》かるべし。

――治病大小権実違目、新1333・全998

結論《けつろん》を言えば、勝負を決しなければ、この災難《さいなん》はやむことがないであろう。

*

過去《かこ》・現在《げんざい》の末法《まっぽう》の法華経《ほけきょう》の行者《ぎょうじゃ》を軽賤《きょうせん》する王臣《おうしん》・万民《ばんみん》、始《はじ》めは事《こと》なきようにて、終《つい》に滅《ほろ》びざるは候《そうら》わず。

――聖人御難事、新1619・全1190

過去《かこ》および現在《げんざい》の、末法《まっぽう》の法華経の行者《ぎょうじゃ》を軽蔑《けいべつ》したり、賤《いや》しんだりする権力者《けんりょくしゃ》や万民《ばんみん》は、はじめは何事もないようであるが、必《かなら》ず最後《さいご》には滅《ほろ》びないものはいない。

□病　気

日蓮《にちれん》、悲母《はは》をいのりて候《そうら》いしかば、現身《げんしん》に病《やまい》をいやす《癒》のみならず、四箇年《よんかねん》の寿《じゅ》命《みょう》をのべ《延》たり。今《いま》、女人《にょにん》の御身《おんみ》として病《やまい》を身《み》にうけさせ給《たも》う。心《こころ》みに法華経《ほけきょう》の信心《しんじん》を立《た》てて御らん《覧》あるべし。

――可延定業書、新1308・全985

日蓮が悲母《はは》のことを祈《いの》ったところ、生きているうちに病《やまい》を治《なお》しただけではなく、四年、寿命《じゅみょう》を延《の》ばした。あなた（＝富木尼《ときあま》）は今、女性《じょせい》の身で病にかかっている。試《こころ》みに法華経の信心《しんじん》を奮《ふる》い起こしてごらんなさい。

＊

「病《やまい》の起《お》こる因縁《いんねん》を明《あ》かすに、六《むっ》つ有《あ》り。一《いち》には四大《しだい》の順《じゅん》ならざるが故《ゆえ》に病《や》む。二《に》には飲食《おんじき》の節《せつ》ならざるが故《ゆえ》に病《や》む。三《さん》には坐禅《ざぜん》の調《ととの》わざるが故《ゆえ》に病《や》む。四《し》には鬼《き》便《たよ》りを得《う》。五《ご》には魔《ま》の所為《しょい》なり。六《ろく》には業《ごう》の起《お》こるが故《ゆえ》に病《や》む」云々《うんぬん》。

――太田入道殿御返事、新1359・全1009

*

「病気の起こる原因《げんいん》を明らかにするのに、六種類《ろくしゅるい》ある。一には、四大《しだい》（＝万物の構《こう》成要素《せいようそ》）が従順《じゅうじゅん》でないから病《や》む。二には、飲食《いんしょく》の節度《せつど》を守っていないから病む。三には、坐禅《ざぜん》が調和していないから病む。四には、鬼神《きじん》が身体に付《つ》け入る。五には、魔《ま》の働《はたら》きによる。六には、業《ごう》が現《あらわ》れることで病む」（『摩訶止観《まかしかん》』）。

平等大慧《びょうどうだいえ》の妙法蓮華経《みょうほうれんげきょう》の第七《だいなな》に云《い》わく「この経《きょう》は則《すなわ》ちこれ閻浮提《えんぶだい》の人《ひと》の病《やまい》の良薬《ろうやく》なり。もし人病《ひとやまい》有《あ》らんに、この経《きょう》を聞《き》くことを得《え》ば、病《やまい》は即《すなわ》ち消滅《しょうめつ》して、不《ふ》老不死《ろうふし》ならん」云々《うんぬん》。

——太田入道殿御返事、新1360・全1010

平等大慧《びょうどうだいえ》の法華経の第七の巻（薬王品《やくおうほん》）には、「この法華経は、全世界の人の病気の良薬《りょうやく》である。もし病人がこの経《きょう》を聞くことができれば、病気はすぐに治《なお》り、不老《ふろう》不死《ふし》となるだろう」と説《と》かれている。

*

この曼荼羅《まんだらよ》能く能《よ》く信《しん》ぜさせ給《たも》うべし。南無妙法蓮華経《なんみょうほうれんげきょう》は師子吼《ししく》のごとし、いかなる病《やまい》さわり《障》をなすべきや。

——経王殿御返事、新1633・全1124

この曼荼羅《まんだら》（御本尊《ごほんぞん》）をよくよく信《しん》じていきなさい。南無妙法蓮華経は師子吼《しく》と同じであるから、どのような病《やまい》が、障《さわ》りとなるだろうか（なるはずがない）。

*

人《ひと》の死《し》ぬることはやまい《病》にはよらず。当時《とうじ》のゆき《壱岐》・つしま《対馬》のもの《者》ども、病《やまい》なけれども、みな《皆》ながらむこ《蒙古》人《びと》に一時《いちじ》にうちころ《打殺》されぬ。病《やまい》あれば死《し》ぬべしということ不定《ふじょう》なり。

また、このやまい《病》は仏《ほとけ》の御《おん》はか《計》らいか。そのゆえは、浄名経《じょうみょうきょう》・涅槃経《ねはんぎょう》には、病《やまい》ある人仏《ひとほとけ》になる《成》べきよし《由》とかれ《説》て候《そうろう》。病《やまい》によりて道心《どうしん》はおこり《発》候《そうろう》なり。
――妙心尼御前御返事（病之良薬の事）、新1963・全1479

人が死ぬことは、（必《かなら》ずしも）病《やまい》によるものではない。今の壱岐《いき》・対馬《つしま》の人たちは、病気ではなかったけれども、皆《みな》、蒙古《もうこ》に一度に殺《ころ》されてしまった。病気であれば必ず死ぬということは、定まっていない。

また、（あなた〈＝窪尼《くぼのあま》〉の夫《おっと》の）この病気は、仏の御計《おんはか》らいであろうか。そのゆえは、浄名経《じょうみょうきょう》・涅槃経《ねはんぎょう》には、病《やまい》のある人が仏になれるということが説《と》かれている。病によって、仏道を求《もと》める心が起こるのである。

＊

すでに仏《ほとけ》になる《成》べしと見《み》え候《そうら》えば、天魔《てんま》・外道《げどう》が病《やまい》をつけ《付》ておど《脅》さんと心《こころ》み候《そうろう》か。命《いのち》はかぎり《限》あることなり。すこしもおどろく《驚》ことなかれ。

また鬼神《きじん》め《奴》らめ、この人《ひと》をなやます《悩》は、剣《つるぎ》をさかさま《逆》にのむ《呑》か、また大火《だいか》をいだく《抱》か、三世十方《さんぜじっぽう》の仏《ほとけ》の大怨敵《だいおんてき》となるか。あなかしこ、あなかしこ。この人《ひと》のやまい《病》をたちまちになおし《治》て、かえりてまぼり《守》となりて、鬼道《きどう》の大苦《だいく》をぬく《抜》べきか。

――法華証明抄、新1931・全1587

（あなた〈＝南条時光《なんじょうときみつ》〉が）もはや仏に成《な》ることは間違《まちが》いないと見えたからこそ、天《てん》魔《ま》や外道《げどう》が病《やまい》にさせて脅《おど》そうと試《こころ》みているのであろう。人の命には限《かぎ》りがある。したがって少しも驚《おどろ》いてはいけない。

また、鬼神《きじん》どもよ。この人〈＝時光《ときみつ》〉を悩《なや》ますとは、剣《つるぎ》を逆《さか》さまに飲むのか、自ら大火を抱《いだ》くのか、三世十方《さんぜじっぽう》の仏の大怨敵《だいおんてき》となるというのか。まことに恐《おそ》れるべきである。この人の病《やまい》をすぐに治《なお》して、反対に、この人の守りとなって餓鬼道《がきどう》の大きな苦しみから免《まぬか》れるべきではないか。

＊

なにもよりおぼつか《覚束》なきことは御所労《ごしょろう》なり。かまえて、さもと三年《さんねん》、はじめのごとくにきゅうじ《灸治》せさせ給《たま》え。病《やまい》なき人《ひと》も無常《むじょう》まぬか《免》れがたし。ただし、とし《年》のはて《果》にはあらず、法華経《ほけきょう》の行者《ぎょうじゃ》なり。非業《ひごう》の死《し》にはあるべからず。よも業病《ごうびょう》にては候《そうら》わじ。たとい業病《ごうびょう》なりとも、法華経《ほけきょう》の御力《おんちから》たの《頼》もし。（中略）尼《あま》ごぜん《御前》、また、法華経《ほけきょう》の行者《ぎょうじゃ》なり。御信心《ごしんじん》、月《つき》のまさる《勝》がごとく、しお《潮》のみつ《満》がごとし。いかでか病《やまい》も失《う》せ寿《いのち》ものび《延》ざるべきと強盛《ごうじょう》におぼし《思》めし、身《み》を持《じ》し心《こころ》に物《もの》をな《歎》げかざれ。

——富木尼御前御返事、新１３１６・全９７５

何よりも気がかりなことは、あなた（＝富木尼《ときあま》）の病気である。くれぐれもこれで必《かなら》ず治《なお》すと思って、これから三年の間は、治療《ちりょう》を始めた時のように怠《おこた》らず灸《きゅう》による治療をしなさい。たとえ病気でない人でも、無常《むじょう》の理《ことわり》は免《まぬか》れがたいものである。ただし、あなたはまだ年老《としお》いたわけでもなく、しかも法華経の行者《ぎょうじゃ》なのである。したがって、非業《ひごう》の死（＝思わぬ死）などがあるわけがない。まさか宿業《しゅくごう》による病《やまい》であるはずがない。たとえ宿業による病であっても、法華経の御力《おんちから》は頼《たの》もしい。（中略）
尼御前《あまごぜん》もまた、法華経の行者《ぎょうじゃ》である。その信心《しんじん》は月が満月《まんげつ》になり、潮《しお》の満《み》ちてくるようにいよいよ強盛《ごうじょう》である。どうして病《やまい》が癒《い》えず、寿命《じゅみょう》が延《の》びないことがあろうかと強い思いをもって、御身《おんみ》を大切にし、心の中であれこれ嘆《なげ》かないことである。

＊

早《はや》く心《こころ》ざしの財《たから》をかさねて、いそぎいそぎ御対治《ごたいじ》あるべし。

早く心の財《たから》を積《つ》み重ねて、急いで病《やまい》を治《なお》していきなさい。

——可延定業書、新1308・全986

第三章

宿命転換

□宿命転換《しゅくめいてんかん》

経王御前《きょうおうごぜん》には、わざわい《禍》も転《てん》じて幸《さいわ》いとなるべし。

——経王殿御返事、新1633・全1124

経王御前《きょうおうごぜん》の病気も転《てん》じて幸福としていくことができるのである。

*

三十三《さんじゅうさん》のやく《厄》は、転《てん》じて三十三《さんじゅうさん》のさいわい《幸》とならせ給《たも》うべし。「七難《しちなん》は即《すなわ》ち滅《めっ》し、七福《しちふく》は即《すなわ》ち生《しょう》ず」とは、これなり。年《とし》はわこう《若》なり、福《ふく》はかさなり《重》候《そうろう》べし。

三十三歳《さい》の厄《やく》は転《てん》じて、三十三の福となるであろう。「七難《しちなん》がただちに滅《めっ》して、七福がただちに生ずる」というのは、これである。年は若返《わかがえ》り、福は重なるであろう。

——四条金吾殿女房御返事、新1543・全1135

*

経文《きょうもん》に我《わ》が身符合《みふごう》せり。御勘気《ごかんき》をかぼ《被》れば、いよいよ悦《よろこ》びをます《増》べし。例《れい》せば、小乗《しょうじょう》の菩薩《ぼさつ》の未断惑《みだんわく》なるが、願兼於業《がんけんおごう》と申《もう》して、つく《造》りたくなき罪《つみ》なれども、父母等《ふぼとう》の地獄《じごく》に堕《お》ちて大苦《だいく》をうく《受》るを見《み》て、かた《形》のごとくその業《ごう》を造《つく》って、願《ねが》って地獄《じごく》に堕《お》ちて苦《くる》しむに、同《おな》じ苦《く》に代《か》われるを悦《よろこ》びとするがごとし。これもまたかくのごとし。当時《とうじ》の責《せ》めはたうべく《堪》もなけれども、未来《みらい》の悪道《あくどう》を脱《だっ》すらんとおもえば《思》悦《よろこ》びなり。

——開目抄、新74・全203

経文《きょうもん》に、この私自身が完全《かんぜん》に合致《がっち》している。すでに幕府《ばくふ》の処罰《しょばつ》を受けたのだから、ますます喜《よろこ》びが大きくなるのは当然《とうぜん》である。同様の例《れい》を挙《あ》げると、小乗教《しょうじょうきょう》に登場する菩薩《ぼさつ》でまだ三惑《さんわく》が残《のこ》っている者が、願兼於業《がんけんおごう》といって、つくりたくない罪《つみ》ではあるが、父母などが地獄《じごく》に堕《お》ちて大きな苦しみを受けているのを見て、そっくりそのまま同じ業をつくり、自ら願《ねが》って地獄に堕ちて苦しむのであるが、父母たちの苦しみを代《か》わって受けていることを喜びとするようなものである。

私の場合も同様である。現在《げんざい》の迫害《はくがい》は耐《た》えがたいほどであるが、未来世《みらいせ》については悪道《あくどう》に堕《お》ちることを免《まぬか》れると思うと喜《よろこ》びである。

□ 転重軽受《てんじゅうきょうじゅ》

涅槃経《ねはんぎょう》に転重軽受《てんじゅうきょうじゅ》と申《もう》す法門《ほうもん》あり。先業《せんごう》の重《おも》き今生《こんじょう》につきずして、未来《みらい》に地《じ》獄《ごく》の苦《く》を受《う》くべきが、今生《こんじょう》にかかる重苦《じゅうく》に値《あ》い候《そうら》えば、地獄《じごく》の苦《くる》しみぱっときえ《消》て死《し》に候《そうら》えば、人天《にんてん》・三乗《さんじょう》・一乗《いちじょう》の益《やく》をうる《得》こと候《そうろう》。

――転重軽受法門、新1356・全1000

涅槃経《ねはんぎょう》に「転重軽受《てんじゅうきょうじゅ》（重きを転じて軽く受く）」という法門《ほうもん》がある。過去世《かこせ》でつくった宿業《しゅくごう》が重くて、現在《げんざい》の一生では消し尽《つ》くせず、未来世《みらいせ》に地獄《じごく》の苦しみを受けるはずであったものが、今世《こんぜ》において、このような（法華経ゆえの大難《だいなん》という）重い苦しみにあったので、地獄の苦しみもたちまちに消えて、死んだのちには、人《にん》・天乗《てんじょう》の利益、声聞《しょうもん》・縁覚《えんがく》・菩薩《ぼさつ》の三乗《さんじょう》の利益、そして一仏乗《いちぶつじょう》の利益たる成仏《じょうぶつ》の功徳《くどく》を得《え》るのである。

＊

> 今《いま》、日蓮《にちれん》、強盛《ごうじょう》に国土《こくど》の謗法《ほうぼう》を責《せ》むればこの大難《だいなん》の来《きた》るは、過去《かこ》の重罪《じゅうざい》の今生《こんじょう》の護法《ごほう》に招《まね》き出《い》だせるなるべし。
>
> ——開目抄、新115・全233

今、日蓮が強盛《ごうじょう》に国中の謗法《ほうぼう》を責《せ》めたので、この大難《だいなん》が起こったが、それは、過《か》去《こ》の重罪《じゅうざい》を今世《こんぜ》の護法《ごほう》の実践《じっせん》によって招《まね》き出したものである。

＊

日蓮《にちれん》はこの因果《いんが》にはあらず。法華経《ほけきょう》の行者《ぎょうじゃ》を過去《かこ》に軽易《きょうい》せし故《ゆえ》に、法華経《ほけきょう》は、月《つき》と月《つき》とを並《なら》べ、星《ほし》と星《ほし》とをつらね《連》、華山《かざん》に華山《かざん》をかさね《重》、玉《たま》と玉《たま》とをつらね《連》たるがごとくなる御経《おんきょう》を、あるいは上《あ》げ、あるいは下《くだ》して嘲弄《ちょうろう》せし故《ゆえ》に、この八種《はっしゅ》の大難《だいなん》に値《あ》えるなり。この八種《はっしゅ》は、尽未来際《じんみらいさい》が間一《あいだひと》つずつこそ現《げん》ずべかりしを、日蓮《にちれん》つよく《強》法華経《ほけきょう》の敵《かたき》を責《せ》むるによって一時《いちじ》に聚《あつ》め起《お》こせるなり。

——佐渡御書、新１２９０・全９６０

日蓮が受けている報《むく》いは、この通常《つうじょう》の因果《いんが》によるものではない。法華経の行者《ぎょうじゃ》を過去《かこ》に軽《かろ》んじたからであり、月と月とを並《なら》べ、星と星とを連《つら》ね、（中国の名山である）華山《かざん》に華山を重ね、宝玉《ほうぎょく》と宝玉とを連ねたように尊《とうと》い経典《きょうてん》である法華経を、ある場合は私たちには深遠《しんえん》すぎてと敬《うやま》いつつも遠ざけて、ある場合は見下《みくだ》してあざ笑《わら》ったために、この八種《はっしゅ》の大難《だいなん》に遭《あ》っているのである。この八種の大難は未来永劫《みらいえいごう》にわたって一つずつ現《あらわ》れるはずだったものを、日蓮が強く法華経の敵を責《せ》めたことによって、一時に集まり起こったのである。

*

今生《こんじょう》に正法《しょうほう》を行《ぎょう》ずる功徳強盛《くどくごうじょう》なれば、未来《みらい》の大苦《だいく》をまね《招》きこ《越》して少苦《しょうく》に値《あ》うなり。

——兄弟抄、新1473・全1083

*

今世《こんぜ》において正法《しょうほう》を行ずる功徳《くどく》が大きいので、未来世《みらいせ》に受けるはずの大きな苦しみを現在《げんざい》に招《まね》き起こして、小さな苦しみとして受けているのである。

*

各々《おのおの》随分《ずいぶん》に法華経《ほけきょう》を信《しん》ぜられつるゆえに、過去《かこ》の重罪《じゅうざい》をせめ《責》いだし《出》給《たま》いて候《そうろう》。たとえば、鉄《くろがね》をよくよくきたえば《鍛》きず《傷》のあらわるる《現》がごとし。石《いし》はやけば《焼》はい《灰》となる。金《こがね》はやけば真金《しんきん》となる。

この度《たび》こそまこと《真》との御信用《ごしんよう》はあらわれて、法華経《ほけきょう》の十羅刹《じゅうらせつ》も守護《しゅご》せさせ給《たも》うべきにて候《そうろう》らめ。

——兄弟抄、新1474・全1083

あなたたち（＝池上兄弟）は、懸命《けんめい》に法華経を信《しん》じてきたので、過去世《かこせ》の重罪《じゅうざい》を責《せ》め出していたのである。例《たと》えば、鉄を十分に鍛《きた》え打てば内部の疵《きず》が表面に現《あらわ》れるのと同様である。石は焼《や》けば灰《はい》となる。金は焼けば真金となる。

このたびの難《なん》においてこそ、あなたたちの本当の信心《しんじん》が表れて、法華経の会座《えざ》に連《つら》なった十羅刹女《じゅうらせつにょ》も必《かなら》ず守護《しゅご》するにちがいない。

□罪障消滅《ざいしょうしょうめつ》

ただ南無妙法蓮華経《なんみょうほうれんげきょう》とだにも唱《とな》え奉《たてまつ》らば、滅《めっ》せぬ罪《つみ》やあるべき、来《きた》らぬ福《ふく》や有《あ》るべき。真実《しんじつ》なり、甚深《じんじん》なり。これを信受《しんじゅ》すべし。

——聖愚問答抄、新577・全497

ただ南無妙法蓮華経とだけ唱《とな》えるならば、滅《めっ》しない罪《つみ》があろうか、訪《おとず》れない幸福があろうか。このことは真実であり、極《きわ》めて深い法門《ほうもん》である。これを信受《しんじゅ》すべきである。

＊

不軽菩薩《ふきょうぼさつ》の悪口《あっく》・罵詈《めり》せられ杖木《じょうもく》・瓦礫《がりゃく》をかぼ《被》るも、ゆえ《故》なきにはあらず。過去《かこ》の誹謗正法《ひぼうしょうほう》のゆえかとみえて、「その罪《つみ》は畢《お》え已《お》わって」と説《と》かれて候《そうろう》は、不軽菩薩《ふきょうぼさつ》の難《なん》に値《あ》うゆえに過去《かこ》の罪《つみ》の滅《めっ》するかとみ《見》えはんべり。

——転重軽受法門、新1356・全1000

不軽菩薩《ふきょうぼさつ》が悪口を言われ、罵《ののし》られ、杖《つえ》や棒《ぼう》で打たれ、土塊《つちくれ》や小石を投げつけられたのも、理由がないことではない。過去世《かこせ》に正法《しょうほう》を誹謗《ひぼう》したためであろうと考えられ、（法華経不軽品《ふきょうほん》に）「過去《かこ》の罪《つみ》の報《むく》いを受け終わって」と説《と》かれているのは、不軽菩薩が難《なん》に遭《あ》ったために過去世の罪が滅《めっ》したのだと拝《はい》されるのである。

＊

終《つい》に世間《せけん》の悪業《あくごう》・衆罪《しゅざい》は須弥《しゅみ》のごとくなれども、この経《きょう》にあい奉《たてまつ》りぬれば、諸《しょ》罪《ざい》は霜露《そうろ》のごとくに法華経《ほけきょう》の日輪《にちりん》に値《あ》い奉《たてまつ》って消《き》ゆべし。

——新池御書、新2062・全1439

世間の悪業《あくごう》やもろもろの罪《つみ》は須弥山《しゅみせん》のようであったとしても、この経《きょう》にあったときには、もろもろの罪は霜《しも》や露《つゆ》のように法華経の太陽にあって消えるであろう。

□ 変毒為薬《へんどくいやく》

竜樹菩薩《りゅうじゅぼさつ》、妙法《みょうほう》の妙《みょう》の一字《いちじ》を釈《しゃく》して、「譬《たと》えば、大薬師《だいやくし》の能《よ》く毒《どく》をもって薬《くすり》となすがごとし」等云々《とううんぬん》。「毒《どく》」というは何物《なにもの》ぞ、我《われ》らが煩悩《ぼんのう》・業《ごう》・苦《く》の三道《さんどう》なり。「薬《くすり》」とは何物《なにもの》ぞ、法身《ほっしん》・般若《はんにゃ》・解脱《げだつ》なり。

――始聞仏乗義、新1327・全984

竜樹菩薩《りゅうじゅぼさつ》は、妙法《みょうほう》の妙の一字を、「例《たと》えば名医が毒《どく》をもって薬とするようなものである」と解釈《かいしゃく》している。「毒」とは何かといえば、私たちの煩悩《ぼんのう》・業《ごう》・苦《く》の三道《さんどう》のことである。「薬」とは何かといえば、（三道を転《てん》じた）法身《ほっしん》・般若《はんにゃ》・解脱《げだつ》の三徳《さんとく》のことである。

＊

「妙法蓮華経《みょうほうれんげきょう》の妙《みょう》の一字《いちじ》は、竜樹菩薩《りゅうじゅぼさつ》、大論《だいろん》に釈《しゃく》して云《い》わく『能《よ》く毒《どく》を変《へん》じて薬《くすり》となす』云々《うんぬん》。天台大師《てんだいだいし》云わく『今経《こんきょう》に記《き》を得《う》るは、即《すなわ》ちこれ毒《どく》を変《へん》じて薬《くすり》となす』云々《うんぬん》。災《わざわ》い来《きた》るとも、変《へん》じて幸《さいわ》いとならん。

――道場神守護事、新1321・全979

妙法蓮華経の妙《みょう》の一字については、竜樹菩薩《りゅうじゅぼさつ》が『大智度論《だいちどろん》』で「よく毒《どく》を変《か》えて薬とする」と解釈《かいしゃく》している。天台大師《てんだいだいし》は「（二乗《にじょう》が）法華経において記別《きべつ》を得《え》るのは、すなわちこれは、毒を変えて薬とするようなものである」と述《の》べている。災《わざわ》いが来たとしても、それは変じて幸いとなるであろう。

「人《ひと》の地《ち》に倒《たお》れて、還《かえ》って地《ち》より起《お》くるがごとし。…」云々《うんぬん》。

――太田入道殿御返事、新1360・全1010

（天台《てんだい》の『法華文句《ほっけもんぐ》』を解釈《かいしゃく》した妙楽《みょうらく》の注釈《ちゅうしゃく》には）「人が地に倒《たお》れて、また再《ふたた》び、その地より起《た》つのと同様である。…」とある。

□因果《いんが》の理法《りほう》

「蓮華《れんげ》」とは因果《いんが》の二法《にほう》なり。これまた因果《いんが》一体《いったい》なり。

——御義口伝、新984・全708

「蓮華《れんげ》」とは、因果《いんが》の二法《にほう》を示《しめ》している。これもまた因果一体《いったい》を表している。

*

いかにいわんや、過去《かこ》の謗法《ほうぼう》の心中《しんちゅう》にそみ《染》けんをや。経文《きょうもん》を見候《みそうら》えば、烏《からす》の黒《くろ》きも鷺《さぎ》の白《しろ》きも先業《せんごう》のつよ《強》くそみ《染》けるなるべし。

――佐渡御書、新1288・全959

まして、心中に染《そ》まった過去《かこ》の謗法《ほうぼう》はなおさらである。経文《きょうもん》を拝見《はいけん》すると、烏《からす》が黒いのも、鷺《さぎ》が白いのも、過去世《かこせ》の業《ごう》が強く染《し》み込《こ》んだためなのである。

＊

人《ひと》の身《み》には、同生《どうしょう》・同名《どうみょう》と申《もう》す二《ふた》りのつかい《使》を、天生《てんう》まるる時《とき》よりつけ《付》させ給《たま》いて、影《かげ》の身《み》にしたがう《随》がごとく、須臾《しゅゆ》もはなれず、大罪《だいざい》・小罪《しょうざい》、大功徳《だいくどく》・小功《しょうく》徳《どく》、すこしもおとさず《落》、かわるがわる天《てん》にのぼって申《もう》し候《そうろう》と仏《ほとけ》説《と》き給《たも》う。

――同生同名御書、新1519・全1115

人の身には、同生天《どうしょうてん》と同名天《どうみょうてん》という二人の使いを、天は、その人が生まれたときから付《つ》けられ、（この二人の神は）影《かげ》が身に随《したが》うように、寸時《すんじ》も離《はな》れず、その人の大罪・小罪、大功徳《だいくどく》・小功徳を少しも漏《も》らさず、かわるがわる天に昇《のぼ》って報告《ほうこく》していると仏は説《と》かれている。

*

法華経《ほけきょう》は、人《ひと》の形《かたち》を浮《う》かぶるのみならず、心《こころ》をもうかべ《浮》、心《こころ》を浮《う》かぶるのみならず、先業《せんごう》をも未来《みらい》をも鑑《かんが》み給《たも》うことく《曇》もりなし。

——神国王御書、新679・全1521

法華経は、人の容姿《ようし》を映《うつ》すだけではなく、心までも映し出し、しかも、現在《げんざい》の心だけではなく、過去世《かこせ》の業《ごう》や未来《みらい》の果報《かほう》までも、ありありと照《て》らし見ることができるのである。

□臨《りん》終《じゅう》

たとい頸《くび》をば鋸《のこぎり》にて引《ひ》き切《き》り、どう《胴》をばひしぼこ《菱矛》をもってつつき《突》、足《あし》にはほだし《絆》を打《う》ってきり《錐》をもってもむ《揉》とも、命《いのち》のかよわん《通》ほどは、南無妙法蓮華経《なんみょうほうれんげきょう》、南《な》無妙法蓮華経《んみょうほうれんげきょう》と唱《とな》えて、唱《とな》え死《じ》にに死《し》ぬるならば、釈迦《しゃか》・多宝《たほう》・十方《じっぽう》の諸仏《しょぶつ》、霊《りょう》山会上《ぜんえじょう》にして御契約《ごけいやく》なれば、須臾《しゅゆ》のほどに飛《と》び来《きた》って、手《て》をとり肩《かた》に引《ひ》っ懸《か》けて霊山《りょうぜん》へはしり《走》給《たま》わば、二聖《にしょう》・二天《にてん》・十羅刹女《じゅうらせつにょ》は受持《じゅじ》の者《もの》を擁護《おうご》し、諸天善神《しょてんぜんじん》は天《てん》蓋《がい》を指《さ》し旛《はた》を上《あ》げて我《われ》らを守護《しゅご》して、たしかに寂光《じゃっこう》の宝刹《ほうせつ》へ送《おく》り給《たも》うべきなり。あらうれし《嬉》や、あらうれしや。

——如説修行抄、新605・全505

たとえ（法難《ほうなん》を受けて）、首を鋸《のこぎり》で引き切られ、胴《どう》をひしぼこ（＝先端《せんたん》が菱形《ひしがた》になっている矛《ほこ》）で突《つ》かれ、足に枷《かせ》をはめられ錐《きり》でもまれても、命が続《つづ》いている限《かぎ》りは、南無妙法蓮華経、南無妙法蓮華経と唱《とな》えに唱え抜《ぬ》いて死ぬならば、釈迦《しゃか》・多宝《たほう》・十方《じっぽう》の諸仏《しょぶつ》は、霊山会《りょうぜんえ》でお約束《やくそく》されたことなので、たちまちのうちに飛《と》んで来て、手を取り肩《かた》に担《かつ》いで、霊山へと走ってくださるならば、その時《とき》、二聖《にしょう》（＝薬王菩薩《やくおうぼさつ》・勇施《ゆせ》菩薩）・二天《にてん》（＝毘沙門天王《びしゃもんてんのう》・持国《じこく》天王）・十羅刹女《じゅうらせつにょ》は法華経を受持《じゅじ》する者を助け護《まも》り、諸《しょ》天善神《てんぜんじん》は天蓋《てんがい》を指して旗《はた》を上げて、私たちを守護《しゅご》して、功徳《くどく》に満《み》ちた仏国土《ぶっこくど》へと必《かなら》ず送ってくださるのである。なんと嬉《うれ》しいことか、なんと嬉しいことか。

*

詮《せん》ずるところ、臨終只今《りんじゅうただいま》にありと解《さと》って信心《しんじん》を致《いた》して南無妙法蓮華経《なんみょうほうれんげきょう》と唱《とな》うる人《ひと》を、「この人《ひと》は命終《みょうじゅう》して、千仏《せんぶつ》の手《みて》を授《さず》け、恐怖《くふ》せず、悪趣《あくしゅ》に堕《お》ちざらしめたもうことを為《う》」と説《と》かれて候《そうろう》。悦《よろこ》ばしいかな、一仏二仏《いちぶつにぶつ》にあらず、百仏二百《ひゃくぶつにひゃく》仏《ぶつ》にあらず、千仏《せんぶつ》まで来迎《らいごう》し、手《て》を取《と》り給《たま》わんこと、歓喜《かんき》の感涙《かんるい》押《お》さえ難《がた》し。

――生死一大事血脈抄、新1775・全1337

所詮《しょせん》、〝臨終《りんじゅう》は只今《ただいま》にある〟と覚《さと》って信心《しんじん》に励《はげ》み、南無妙法蓮華経と唱《とな》える人のことを、法華経には「この人は寿命《じゅみょう》が終われば、千もの仏が手を差《さ》し伸《の》べて、死後への恐怖《きょうふ》を起こさせたり、悪道《あくどう》に堕《お》とさせたりすることはない」と説《と》かれている。

喜《よろこ》ばしいことに、一仏や二仏ではなく、また百仏や二百仏でもなく、千仏までも迎《むか》えに訪《おとず》れ、手を取ってくださるというのは、歓喜《かんき》の涙《なみだ》はおさえがたい。

＊

相構《あいかま》えて相構《あいかま》えて、強盛《ごうじょう》の大信力《だいしんりき》を致《いた》して、南無妙法蓮華経臨終正念《なんみょうほうれんげきょうりんじゅうしょうねん》と祈念《きねん》し給《たま》え。

――生死一大事血脈抄、新1777・全1338

よくよく心して強盛《ごうじょう》の大信力《だいしんりき》を起こして、南無妙法蓮華経、臨終正念《りんじゅうしょうねん》と祈念《きねん》しなさい。

＊

退転《たいてん》なく修行《しゅぎょう》して最後臨終《さいごりんじゅう》の時《とき》を待《ま》って御覧《ごらん》ぜよ。妙覚《みょうかく》の山《やま》に走《はし》り登《のぼ》って四《し》方《ほう》をきっと見《み》るならば、あら面白《おもしろ》や、法界寂光土《ほうかいじゃっこうど》にして、瑠璃《るり》をもって地《じ》とし、金《こがね》の縄《なわ》をもって八《や》つの道《みち》を界《さか》えり。天《てん》より四種《ししゅ》の花《はな》ふり、虚空《こくう》に音楽《おんがく》聞《き》こえて、諸《もろもろ》の仏菩薩《ぶつぼさつ》は常楽我浄《じょうらくがじょう》の風《かぜ》にそよめき、娯楽《ごらく》・快楽《けらく》し給《たも》うぞや。我《われ》らもその数《かず》に列《つら》なりて遊戯《ゆげ》し楽《たの》しむべきこと、はや近《ちか》づけり。信心弱《しんじんよわ》くしては、かかるめでたき所《ところ》に行《い》くべからず、行《い》くべからず。

——松野殿御返事（十四誹謗の事）、新1994・全1386

退転《たいてん》することなく修行《しゅぎょう》して、最後臨終《さいごりんじゅう》の時を待ってご覧《らん》なさい。妙覚《みょうかく》の山に走り登って、四方をきっと見るならば、なんと素晴《すば》らしいことであろうか、法界《ほうかい》はみな寂光土《じゃっこうど》で、瑠璃《るり》をもって地面とし、金の縄《なわ》をもって八つの道の境界《きょうかい》をつくっている。天からは四種《ししゅ》の花が降《ふ》り、大空には音楽が聞こえ、もろもろの仏菩薩《ぶつぼさつ》は常楽我《じょうらくが》浄《じょう》の風に吹《ふ》かれて、心から楽しまれているではないか。我らもその数のなかに列《つら》なって、遊戯《ゆうげ》し楽しむことになるのは、もはや間近《まぢか》である。信心《しんじん》が弱くては、こうした、めでたい所へは決して行くことができないのである。

＊

まず臨終《りんじゅう》のことを習《なら》って後《のち》に他事《たじ》を習《なら》うべし。

——妙法尼御前御返事（臨終一大事の事）、新2101・全1404

まず臨終《りんじゅう》のことを習って、のちに他のことを習うべきである。

＊

> 相《あい》かま《構》えて相《あい》かまえて、自《じ》他《た》の生死《しょうじ》はしら《知》ねども、御臨終《ごりんじゅう》のきざ《刻》み、生死《しょうじ》の中間《ちゅう》《げん》に、日蓮《にちれん》かならずむか《迎》いにまい《参》り候《そうろう》べし。
>
> ——上野殿御返事（刀杖難の事）、新1892・全1558

よくよく心して、自他の生死《しょうじ》についてはわからないけれども、あなた（＝南条時光《なんじょうときみつ》）の御臨終《ごりんじゅう》の際《さい》に、生死の中間《ちゅうげん》（＝生から死へ移《うつ》る間）には日蓮が必《かなら》ず迎《むか》えに参《まい》りましょう。

＊

ただいまに霊山《りょうぜん》にまいらせ《詣》給《たま》いなば、日《ひ》いで《出》て十方《じっぽう》をみる《見》がごとくうれし《嬉》く、「と《疾》くし《死》にぬるものかな」と、うち《打》よろこ《喜》び給《たま》い候《そうら》わんずらん。中有《ちゅうう》の道《みち》にいかなることもいで《出》き《来》たり候《そうら》わば、「日蓮《にちれん》がで《弟》し《子》なり」となの《名》ら《乗》せ給《たま》え。

——妙心尼御前御返事（病之良薬の事）、新1963・全1480

今すぐにも霊山《りょうぜん》に行かれたならば、日が昇《のぼ》って十方《じっぽう》を見渡《みわた》せるように嬉《うれ》しく、「よくぞ早く死んだものだ」と心から喜《よろこ》ばれることであろう。

また、中有《ちゅうう》（＝死から次の生までの間）の道にあっては、どんなことが起きても「私は日蓮の弟子《でし》である」と名乗りなさい。

□三世の生命

「無《む》」も「有《う》」も、「生《しょう》」も「死《し》」も、「若退《にゃくたい》（もしは退《たい》）」も「若出《にゃくしゅつ》（もしは出《しゅつ》）」も、「在世《ざいせ》」も「滅後《めつご》」も、ことごとく皆本有常住《みなほんぬじょうじゅう》の振《ふ》る舞《ま》いなり。「無《む》」とは、法界同時《ほうかいどうじ》に妙法蓮華経《みょうほうれんげきょう》の振《ふ》る舞《ま》いより外《ほか》は無《な》きなり。「有《う》」とは、地獄《じごく》は地獄《じごく》のありのまま、十界本有《じっかいほんぬ》の妙法《みょうほう》の全体《ぜんたい》なり。「生《しょう》」とは、妙法《みょうほう》の生《しょう》なれば、随縁《ずいえん》なり。「死《し》」とは、寿量《じゅりょう》の死《し》なれば、法界同時《ほうかいどうじ》に真如《しんにょ》なり。「若退《にゃくたい》」の故《ゆえ》に滅後《めつご》なり、「若出《にゃくしゅつ》」の故《ゆえ》に在世《ざいせ》なり。

――御義口伝、新１０５０・全７５４

「無《む》」も「有《う》」も、「生《しょう》」も「死《し》」も、「若退《にゃくたい》」も「若出《にゃくしゅつ》」も、「在世《ざいせ》」も「滅後《めつご》」も、ことごとく皆《みな》、本有常住《ほんぬじょうじゅう》の妙法《みょうほう》の振《ふ》る舞《ま》いである。「無」とは、法界《ほうかい》同時に妙法蓮華経の振る舞いより他《ほか》にはないということである。「有」とは、地獄《じごく》ならば地獄のありのままが十界《じっかい》本有の妙法の全体であるということなのである。「生」とは妙法の生であるから随縁《ずいえん》である。「死」とは寿量《じゅりょう》の死であるから法界同時に真如《しんにょ》である。「若退」のゆえに滅後であり、「若出」のゆえに在世である。

＊

自身法性《じしんほっしょう》の大地《だいち》を、生死生死《しょうじしょうじ》と転《めぐ》り行《い》くなり云々《うんぬん》。

――御義口伝、新1010・全724

（妙法《みょうほう》を信仰《しんこう》する者は）自身の法性《ほっしょう》（＝仏界《ぶっかい》）の大地を、生死《しょうじ》を貫《つらぬ》いて進んでいくのである。

□ 追善回向《ついぜんえこう》

今《いま》、日蓮《にちれん》等の類《たぐ》い、聖霊《しょうりょう》を訪《とぶら》う時《とき》、法華経《ほけきょう》を読誦《どくじゅ》し南無妙法蓮華経《なんみょうほうれんげきょう》と唱《とな》え奉《たてまつ》る時《とき》、題目《だいもく》の光《ひかり》無間《むけん》に至《いた》って即身成仏《そくしんじょうぶつ》せしむ。回向《えこう》の文《もん》、これより事起《ことお》こるなり。

――御義口伝、新991・全712

今、日蓮およびその弟子《でし》たちが、亡《な》くなられた聖霊《しょうりょう》を追善《ついぜん》し、法華経を読誦《どくじゅ》し、南無妙法蓮華経と唱《とな》えるとき、題目の光が無間地獄《むけんじごく》にまで至《いた》って、即身成仏《そくしんじょうぶつ》させる。回向《えこう》の文は、このことからはじまるのである。

＊

いき《生》ておわしき時《とき》は生《しょう》の仏《ほとけ》、今《いま》は死《し》の仏《ほとけ》、生死《しょうじ》ともに仏《ほとけ》なり。即身成仏《そくしんじょうぶつ》と申《もう》す大事《だいじ》の法門《ほうもん》これなり。

——上野殿後家尼御返事、新1832・全1504

生きておられた時は生の仏、今は死の仏、生死《しょうじ》ともに仏なのである。即身成仏《そくしんじょうぶつ》という重要《じゅうよう》な法門《ほうもん》は、このことである。

*

その上《うえ》、殿《との》はおさな《幼》くおわしき。故親父《こしんぷ》は、武士《ぶし》なりしかども、あながち《強》に法《ほ》華《け》経《きょう》を尊《たっと》び給《たま》いしかば、臨終正念《りんじゅうしょうねん》なりけるよし《由》うけ《承》たまわりき。その親《おや》の跡《あと》をつが《継》せ給《たま》いて、またこの経《きょう》を御信用《ごしんよう》あれば、故聖霊《こしょうりょう》いかに草《くさ》のか《陰》

げにても喜《よろこ》びおぼ《思》すらん。

あわれ、いき《生》ておわせば、いかにうれし《嬉》かるべき。この経《きょう》を持《たも》つ人々《ひとびと》は、他人《たにん》なれども同《おな》じ霊山《りょうぜん》へまいり《詣》あわせ《合》給《たも》うなり。いかにいわんや、故聖霊《こしょうりょう》も殿《との》も、同《おな》じく法華経《ほけきょう》を信《しん》じさせ給《たま》えば、同《おな》じところに生《う》まれさせ給《たも》うべし。


——上野殿御返事（土餅供養の事）、新1838・全1508

そのうえ、あなた（＝南条時光《なんじょうときみつ》）は幼少《ようしょう》であられた。亡《な》き父上は武士《ぶし》であったが、強盛《ごうじょう》に法華経を信仰《しんこう》されたので、臨終正念《りんじゅうしょうねん》であったと伺《うかが》っている。

あなたも、その親の跡《あと》を継《つ》がれて、また、この法華経を信仰《しんこう》されているので、亡《な》き聖霊《しょうりょう》が、どれほど草葉の陰《かげ》でも喜《よろこ》ばれていることであろう。

ああ、もしも生きていらっしゃれば、どれほど嬉《うれ》しく思われることであろう。この経《きょう》を持《たも》つ人々は、他人であっても同じ霊山《りょうぜん》に行き、会うことができるのである。まして、亡《な》き聖霊《しょうりょう》も、あなたも、同じく法華経を信《しん》じられているので、必《かなら》ず同じ所に生まれられるであろう。

*

この法華経《ほけきょう》の文字《もんじ》は釈迦仏《しゃかぶつ》となり給《たま》い、時光《ときみつ》が故親父《こしんぷ》の左右《さゆう》の御羽《おんはね》となりて、霊山浄土《りょうぜんじょうど》へとび《飛》給《たま》え、かけり《翔》給《たま》え、かえりて《帰》時光《ときみつ》が身《み》をおおい《覆》、はぐくみ《育》給《たま》え。

——時光御返事、新1881・全1550

この法華経の文字は釈迦仏《しゃかぶつ》となられ、そして時光《ときみつ》の亡《な》き父上の左右の翼《つばさ》となって、霊山浄土《りょうぜんじょうど》へ飛《と》んでいかれ、翔《か》けていかれ、さらに帰ってきて、時光の身を覆《おお》い、（親鳥がひなを抱《だ》いて育てるように）翼で大切に守ってくれるようにと願《ねが》っている（必《かなら》ずそうなるであろう）。

＊

> 人《ひと》のおや《親》は悪人《あくにん》なれども、子《こ》善人《ぜんにん》なれば、おやの罪《つみ》ゆる《許》すことあり。また子悪《こあく》人《にん》なれども、親善人《おやぜんにん》なれば、子《こ》の罪《つみ》ゆるさるることあり。されば、故弥四郎殿《こやしろうどの》はたとい悪人《あくにん》なりとも、うめる《生》母《はは》、釈迦仏《しゃかぶつ》の御宝前《ごほうぜん》にして昼夜《ちゅうや》なげき《歎》とぶらわ《弔》ば、いかでか彼《か》の人《ひと》うかば《浮》ざるべき。いかにいおう《況》や、彼《か》の人《ひと》は法華経《ほけきょう》を信《しん》じたりしかば、おやをみちびく《導》身《み》とぞなられて候《そうろう》らん。
>
> ――光日房御書、新1254・全931

親は悪人であっても、子が善人《ぜんにん》であれば、親の罪《つみ》を許《ゆる》すこともある。また、子が悪人であっても親が善人であれば、子の罪が許されることもある。それゆえ、亡《な》くなった弥四郎殿《やしろうどの》はたとえ悪人であっても、生みの母（＝光日尼《こうにちあま》）が釈迦仏《しゃかぶつ》の御宝前《ごほうぜん》で昼夜に嘆《なげ》き、追善《ついぜん》を行えば、どうして弥四郎殿が成仏《じょうぶつ》できないことがあるだろうか。ましてや、弥四郎殿は法華経を信《しん》じていたのだから、親を導《みちび》く身となられているであろう。

第四章

仏法と社会

□仏法と社会

「国土《こくど》乱《みだ》れん時《とき》はまず鬼神《きじん》乱《みだ》る。鬼神《きじん》乱《みだ》るるが故《ゆえ》に万民《ばんみん》乱《みだ》る」

——立正安国論、新43・全31

「国土《こくど》が乱《みだ》れようとする時には、まず鬼神《きじん》が乱れる。鬼神が乱れるゆえに万民《ばんみん》が乱れる」（仁王経《にんのうきょう》）。

*

天《てん》晴《は》れぬれば地《ち》明《あき》らかなり。法華《ほっけ》を識《し》る者《もの》は世法《せほう》を得《う》べきか。

――如来滅後五五百歳始観心本尊抄、新146・全254

天が晴れれば、地はおのずから明らかとなる。同様に、法華経を知る者は世間の法《ほう》をも、おのずから得《え》るであろう。

＊

仏法《ぶっぽう》ようやく顚倒《てんどう》しければ、世間《せけん》もまた濁乱《じょくらん》せり。仏法《ぶっぽう》は体《たい》のごとし、世間《せけん》はかげのごとし。体曲《たいま》がれば影《かげ》ななめなり。

――諸経と法華経と難易の事、新1346・全992

仏法がこのように次第《しだい》に転倒《てんとう》したので、世間もまた、濁《にご》り乱《みだ》れてしまった。仏法は本体であり、世間法はその影《かげ》のようなものである。体が曲がれば影は斜《なな》めになる。

*

> 仏法《ぶっぽう》の中《なか》に随方毘尼《ずいほうびに》と申《もう》す戒《かい》の法門《ほうもん》はこれに当《あ》たれり。この戒《かい》の心《こころ》は、いと《甚》う事《こと》かけ《欠》ざることをば、少々仏教《しょうしょうぶっきょう》にたがう《違》とも、その国《くに》の風俗《ふうぞく》に違《たが》うべからざるよし《由》、仏一《ほとけひと》つの戒《かい》を説《と》き給《たま》えり。
>
> ——月水御書、新1647・全1202

仏法の中に随方毘尼《ずいほうびに》という戒《かい》の法門《ほうもん》が、これ（＝国の習いに従《したが》うこと）に当たる。この戒の意味は、仏法の根本精神《こんぽんせいしん》をはなはだしく欠《か》いていなければ、少しばかり仏の教えと異《こと》なることであっても、その国の風俗《ふうぞく》に反するべきではないということを、仏は一つの戒として説《と》かれたのである。

*

予《よ》が法門《ほうもん》は、四悉檀《ししつだん》を心《こころ》に懸《か》けて申《もう》すならば、あながちに成仏《じょうぶつ》の理《り》に違《たが》わざれば、しばらく世間普通《せけんふつう》の義《ぎ》を用《もち》いるべきか。

——太田左衛門尉御返事、新1372・全1015

日蓮の法門《ほうもん》は、四悉檀《ししつだん》の法理《ほうり》を踏《ふ》まえていうならば、必《かなら》ずしも成仏《じょうぶつ》の理に違背《いはい》することでなければ、しばらく世間普通《ふつう》の義《ぎ》を用《もち》いるべきなのである。

*

「中務三郎左衛門尉《なかつかさのさぶろうざえもんのじょう》は、主《しゅ》の御《おん》ためにも、仏法《ぶっぽう》の御《おん》ためにも、世間《せけん》の心《こころ》ね《根》も、よかりけり、よかりけり」と、鎌倉《かまくら》の人々《ひとびと》の口《くち》にうた《謳》われ給《たま》え。

――崇峻天皇御書（三種財宝御書）、新1596・全1173

「中務三郎左衛門尉《なかつかさのさぶろうざえもんのじょう》（＝四条金吾《しじょうきんご》）は、主君《しゅくん》に仕《つか》えることにおいても、仏法に尽《つ》くすことにおいても、世間における心がけにおいても、素晴《すば》らしい、素晴らしい」と、鎌倉《かまくら》の人々の口にうたわれていきなさい。

＊

御《おん》みや《宮》づかい《仕》を法華経《ほけきょう》とおぼしめ《思》せ。「一切世間《いっさいせけん》の治生産業《ちせいさんぎょう》は、皆《みな》実相《じっそう》と相違《あいい》背《はい》せず」とは、これなり。

――檀越某御返事、新1719・全1295

宮仕《みやづか》えを法華経の修行《しゅぎょう》であると思いなさい。

「あらゆる一般世間《いっぱんせけん》の生活を支《ささ》える営《いとな》み、なりわいは、全て実相（＝妙法《みょうほう》）と相反《あいはん》することはない」（『法華玄義《ほっけげんぎ》』）と説《と》かれているのは、このことである。

＊

王法《おうぼう》の曲《ま》がるは小波《こなみ》・小風《こかぜ》のごとし。大国《だいこく》と大人《だいにん》をば失《うしな》いがたし。仏法《ぶっぽう》の失《とが》あるは大風《おおかぜ》・大波《おおなみ》の小舟《こぶね》をやぶる（破）がごとし。国《くに》のやぶるること疑《うたが》いなし。

――神国王御書、新678・全1521

政治《せいじ》が誤《あやま》っているのは小波や小風のようなものである。それは、国や主要《しゅよう》な人々を失《うしな》うことはない。仏法が誤っているのは大風や大波が小さな舟《ふね》を壊《こわ》してしまうようなものである。国が滅《ほろ》びてしまうことは間違《まちが》いない。

＊

「法妙《ほうみょう》なるが故《ゆえ》に人貴《にんたっと》し。人貴《にんたっと》きが故《ゆえ》に所尊《ところたっと》し」と申《もう》すはこれなり。

——南条殿御返事（法妙人貴の事）、新1924・全1578

（『法華文句《ほっけもんぐ》』に）「法《ほう》が妙《みょう》であるがゆえに、その法を持《たも》った人は貴《とうと》い。人が貴いがゆえに、その人の居《い》る場所も尊《とうと》い」と述《の》べられているのは、このことである。

＊

まことのみち《道》は世間《せけん》の事法《じほう》にて候《そうろう》。（中略）彼々《かれがれ》の二経《にきょう》は深心《じんしん》の経々《きょうぎょう》なれども、彼《か》の経々《きょうぎょう》はいまだ心《こころ》あさ《浅》くして法華経《ほけきょう》に及《およ》ばざれば、世間《せけん》の法《ほう》を仏法《ぶっぽう》に依《よ》せてしら《知》せて候《そうろう》。法華経《ほけきょう》はしからず。やがて世間《せけん》の法《ほう》が仏法《ぶっぽう》の全体《ぜんたい》と釈《しゃく》せられて候《そうろう》。

爾《に》前《ぜん》の経《きょう》の心々《しんしん》は、心《こころ》より万法《ばんぽう》を生《しょう》ず。譬《たと》えば、心《こころ》は大地《だいち》のごとし、草木《そうもく》は万《ばん》法《ぽう》のごとしと申《もう》す。法華経《ほけきょう》はしからず。心《こころ》すなわち大地《だいち》、大地則《だいちすなわ》ち草木《そうもく》なり。爾《に》前《ぜん》の経々《きょうぎょう》の心《こころ》は、心《こころ》のすむは月《つき》のごとし、心《こころ》のきよきは花《はな》のごとし。法華経《ほけきょう》はしからず。月《つき》こそ心《こころ》よ、花《はな》こそ心《こころ》よと申《もう》す法門《ほうもん》なり。

——白米一俵御書、新2053・全1597

（成仏《じょうぶつ》への）まことの道は、世間のものごとなのである。（中略）「それら（金光明経《こんこうみょうきょう》と涅槃経《ねはんぎょう》）の二経《にきょう》は一往《いちおう》は深い教えの経々《きょうぎょう》ではあるが、その経々はまだ説《と》かれた心が浅《あさ》く、法華経に及《およ》ばないから、世間のものごとを仏法によせて教えているにすぎない。しかし、法華経はそうではない。世間のものごとが、そのまま全《まった》く仏法そのものなのであると解釈《かいしゃく》している。

爾《に》前《ぜん》の経《きょう》の趣意《しゅい》は、〝心から森羅万象《しんらばんしょう》を生《しょう》ずる〟というものである。例《たと》えていえば、〝心は大地のようであり、草木は森羅万象のようである〟というものである。法華経は、そうではない。〝心はそのまま大地であり、大地はそのまま草木である〟と明かすのである。

また、爾前《にぜん》の諸経《しょきょう》の趣意《しゅい》は、〝心が澄《す》んでいるのは月のようであり、心が清《きよ》らかなのは花のようである〟というものである。法華経はそうではない。〝月こそ心よ、花こそ心よ〟という法門《ほうもん》である。

□立正安国《りっしょうあんこく》

つらつら微管《びかん》を傾《かたむ》け、いささか経文《きょうもん》を披《ひら》きたるに、世皆正《よみなしょう》に背《そむ》き、人《ひと》ことごとく悪《あく》に帰《き》す。故《ゆえ》に、善神《ぜんじん》は国《くに》を捨《す》てて相去《あいさ》り、聖人《しょうにん》は所《ところ》を辞《じ》して還《かえ》りたまわず。ここをもって、魔来《まきた》り、鬼来《ききた》り、災起《さいお》こり、難起《なんお》こる。言《い》わずんばあるべからず、恐《おそ》れずんばあるべからず。

――立正安国論、新25・全17

つくづく、私がわずかな見識《けんしき》をもって、少しばかり経文《きょうもん》を開いてみると、世の人々はすべて正法《しょうほう》に背《そむ》いて、ことごとく悪法《あくほう》に帰《き》している。それゆえに、守護《しゅご》すべき善神《ぜんじん》は国を捨《す》てて、去り、聖人《しょうにん》はこの地を去ったまま帰ってこない。そのために、魔《ま》や鬼神《きじん》が来て、禍《わざわい》が起こり、難《なん》が起きている。実に、このことは、声を大にして言わなければならない。恐《おそ》れなければならない。

＊

しかず、彼《か》の万祈《ばんき》を修《しゅ》せんよりは、この一凶《いっきょう》を禁《きん》ぜんには。

——立正安国論、新33・全24

災難《さいなん》を根絶《こんぜつ》するには、あのような万の祈《いの》りを行うよりも、この一凶《いっきょう》を禁《きん》じなければならない。

＊

汝《なんじ》、すべからく一身《いっしん》の安堵《あんど》を思《おも》わば、まず四表《しひょう》の静謐《せいひつ》を禱《いの》るべきものか。

――立正安国論、新44・全31

自身の安心を考えるなら、あなたはまず社会全体の静穏《せいおん》を祈《いの》ることが必要ではないのか。

*

汝《なんじ》、早《はや》く信仰《しんこう》の寸心《すんしん》を改《あらた》めて、速《すみ》やかに実乗《じつじょう》の一善《いちぜん》に帰《き》せよ。しからば則《すなわ》ち、三界《さんがい》は皆仏国《みなぶっこく》なり。仏国《ぶっこく》それ衰《おとろ》えんや。十方《じっぽう》はことごとく宝土《ほうど》なり。宝土《ほうど》何《なん》ぞ壊《やぶ》れんや。

――立正安国論、新45・全32

あなたは早速、ささやかな信仰《しんこう》の心を改《あらた》めて、速《すみ》やかに、実乗《じつじょう》の一善《いちぜん》（＝成仏《じょうぶつ》へ至《いた》らせる唯一《ゆいいつ》の善《よ》い法《ほう》）に帰依《きえ》しなさい。

そうすれば三界《さんがい》は皆《みな》、仏国《ぶっこく》である。仏国が、どうして衰《おとろ》えることがあるだろうか。十方《じっぽう》の国土《こくど》は、ことごとく宝土《ほうど》である。宝土が、どうして壊《こわ》れることがあるだろうか。

＊

日蓮《にちれん》が去《い》ぬる文応元年《ぶんおうがんねん》太歳庚申《たいさいかのえさる》に勘《かんが》えたりし立正安国論《りっしょうあんこくろん》、今《いま》すこしもたが《違》わず符合《ふごう》しぬ。この書《しょ》は白楽天《はくらくてん》が楽府《がふ》にも越《こ》え、仏《ほとけ》の未来記《みらいき》にもおと《劣》らず。末代《まつだい》の不思議《ふしぎ》、なに事《ごと》かこれにす《過》ぎん。

——種々御振舞御書、新1225・全909

（蒙古《もうこ》〈モンゴル帝国〉から日本に国書が到来《とうらい》し、幕府《ばくふ》が蒙古の侵略《しんりゃく》に備《そな》えたことで）日蓮が去る文応元年《ぶんおうがんねん》に勘《かん》えた立正安国論《りっしょうあんこくろん》の予言が少しも違《たが》うことなく符合《ふごう》した。この安国論は、白楽天《はくらくてん》が皇帝《こうてい》を諫《いさ》めた楽府《がふ》よりもすぐれ、釈迦仏《しゃかぶつ》の未来記《みらいき》にも劣《おと》るものではない。（このような予言の的中《てきちゅう》は）末法《まっぽう》の世の不思議《ふしぎ》として、これを越《こ》えるものがあろうか。

□生命とその尊厳《そんげん》

今《いま》しばしば他面《ためん》を見《み》るに、ただ人界《にんかい》のみに限《かぎ》って余界《よかい》を見《み》ず。自面《じめん》もまたまたかくのごとし。いかんが信心《しんじん》を立《た》てんや。

答《こた》う。しばしば他面《ためん》を見《み》るに、ある時《とき》は喜《よろこ》び、ある時《とき》は瞋《いか》り、ある時《とき》は平《たい》らかに、ある時《とき》は貪《むさぼ》り現《げん》じ、ある時《とき》は癡《おろ》か現《げん》じ、ある時《とき》は諂曲《てんごく》なり。瞋《いか》るは地獄《じごく》、貪《むさぼ》るは餓鬼《がき》、癡《おろ》かは畜生《ちくしょう》、諂曲《てんごく》なるは修羅《しゅら》、喜《よろこ》ぶは天《てん》、平《たい》らかなるは人《にん》なり。他面《ためん》の色法《しきほう》においては六道共《ろくどうとも》にこれ有《あ》り。四聖《ししょう》は冥伏《みょうぶく》して現《げん》ぜざれども、委細《いさい》にこれを尋《たず》ねばこれ有《あ》るべし。

——如来滅後五五百歳始観心本尊抄、新127・全241

今、いくら他人の顔を見ても、ただ人界《にんかい》だけは見えるが、十界《じっかい》のその他の界は見ることはできない。自分の顔を見ても、また同様である。どうして（自分の中に十界が具《そな》わっていることを）信《しん》じることができるだろうか。

答える。何度となく人の顔を見ていると、ある時は喜《よろこ》び、ある時は怒《いか》り、ある時は平穏《へいおん》に、ある時は貪《むさぼ》りを現《あらわ》し、ある時は愚《おろ》かさを現し、ある時は本心を曲げて人の機嫌《きげん》をとっている。怒るのは地獄界《じごくかい》、貪るのは餓鬼界《がきかい》、愚かなのは畜生界《ちくしょうかい》、本心を曲げるのは修羅界《しゅらかい》、喜ぶのは天界《てんかい》、平穏なのは人界《にんかい》である。

このように、他の人の姿《すがた》・形を見れば、六道《ろくどう》が全てある。四聖《ししょう》は潜在《せんざい》していて現れていないけれども、くわしく調べれば、必《かなら》ずあるにちがいない。

*

生《しょう》と死《し》と二《ふた》つの理《ことわり》は、生死《しょうじ》の夢《ゆめ》の理《ことわり》なり、妄想《もうぞう》なり、顚倒《てんどう》なり。本覚《ほんがく》の寤《うつつ》をもって我《わ》が心性《しんしょう》を糾《ただ》せば、生《しょう》ずべき始《はじ》めも無《な》きが故《ゆえ》に、死《し》すべき終《お》わりも無《な》し。既《すで》に生死《しょうじ》を離《はな》れたる心法《しんぽう》にあらずや。劫火《ごうか》にも焼《や》けず、水災《すいさい》にも朽《く》ちず、剣刀《けんとう》にも切《き》られず、弓箭《きゅうせん》にも射《い》られず。芥子《けし》の中《なか》に入《い》れども、芥子《けし》も広《ひろ》からず、心法《しんぽう》も縮《ちぢ》まらず。虚空《こくう》の中《なか》に満《み》つれども、虚空《こくう》も広《ひろ》からず、心法《しんぽう》も狭《せま》からず。

——三世諸仏総勘文教相廃立、新712・全563

生と死という二つの理《ことわり》（＝生と死が別々《べつべつ》のものであるという考え）は、「生死《しょうじ》（＝迷《まよ》い）の夢《ゆめ》」の理であり、妄想《もうそう》であり、転倒《てんとう》である。

本覚《ほんがく》の寤《うつつ》（＝迷《まよ》いの夢《ゆめ》から覚《さ》めた真実の覚《さと》り）をもってわが心の本性《ほんしょう》を正しく調べてみると、生《しょう》ずるという始めがないゆえに死ぬという終わりもない。（すなわち）すでに生死《しょうじ》を離《はな》れた心法《しんぽう》ではないか。

この心法《しんぽう》は、劫火《ごうか》（＝世の終末《しゅうまつ》に起こるとされる大火災《だいかさい》）にも焼《や》けないし、（世の終末に起こるとされる）水災《すいさい》にも朽《く》ちず、刀剣《とうけん》にも切られず、弓矢にも射《い》られない。芥子《けし》粒《つぶ》の中に入れても芥子も広がらないし、心法も縮《ちぢ》まらない。虚空《こくう》の中に満《み》ちても虚空も広すぎることはないし、心法が狭《せま》いということもない。

＊

八万四千《はちまんよんせん》の法蔵《ほうぞう》は我《わ》が身《み》一人《いちにん》の日記《にっき》文書《もんじょ》なり。

――三世諸仏総勘文教相廃立、新713・全563

八万四千の法蔵《ほうぞう》はわが身一人の日記の文書《もんじょ》なのである。

＊

「帰《き》」とは我《われ》らが色法《しきほう》なり。「命《みょう》」とは我《われ》らが心法《しんぽう》なり。色心《しきしん》不二《ふに》なるを一極《いちごく》と云《い》うなり。

——御義口伝、新984・全708

帰命《きみょう》の「帰」とは、私たちの色法《しきほう》である。「命《みょう》」とは、私たちの心法《しんぽう》である。これらの色心《しきしん》が一体不二《いったいふに》であることを一極《いちごく》というのである。

*

詮《せん》ずるところ、万法《ばんぽう》は己心《こしん》に収《おさ》まって一塵《いちじん》もかけ《欠》ず、九山八海《くせんはっかい》も我《わ》が身《み》に備《そな》わって日月《にちがつ》・衆星《しゅしょう》も己心《こしん》にあり。

——蒙古使御書、新1947・全1473

所詮《しょせん》、万法《ばんぽう》は己心《こしん》に収《おさ》まって一塵《いちじん》たりとも欠《か》けず、九山八海《くせんはっかい》もわが身に具《そな》わり、太陽や月、もろもろの星々も己心に収まっている。

*

世間《せけん》に人《ひと》の恐《おそ》るるものは、火炎《ほのお》の中《なか》と、刀剣《つるぎ》の影《かげ》と、この身《み》の死《し》するとなるべし。牛馬《ぎゅうば》なお身《み》を惜《お》しむ、いわんや人身《じんしん》をや。癩人《らいにん》なお命《いのち》を惜《お》しむ、いかにいわんや壮人《そうにん》をや。

——佐渡御書、新1284・全956

世間一般《せけんいっぱん》において人が恐《おそ》れるものは、炎《ほのお》に包《つつ》まれること、刀剣《とうけん》によって襲《おそ》われること、自身が死ぬことである。牛や馬でさえ命を惜《お》しむ、まして人間は言うまでもない。不治《ふじ》の病《やまい》にかかった人でさえ命を惜しむ、まして壮健《そうけん》な人は言うまでもない。

命《いのち》と申《もう》す物《もの》は一身第一《いっしんだいいち》の珍宝《ちんぽう》なり。一日《いちにち》なりともこれをのぶる延ならば、千万《せんまん》両《りょう》の金《こがね》にもすぎ過たり。法華経《ほけきょう》の一代《いちだい》の聖教《しょうぎょう》に超過《ちょうか》していみじきと申《もう》すは、寿量《じゅりょう》品《ほん》のゆえ故ぞかし。

——可延定業書、新1308・全986

＊

命というものはわが身にとって第一の珍宝《ちんぽう》である。たとえ一日であっても寿命《じゅみょう》を延《の》ばすならば、千万両の金にもまさるのである。法華経が釈尊《しゃくそん》が一生の間に説《と》いた経典《きょうてん》の中でも抜《ぬ》きん出てすぐれているというのは、寿量品《じゅりょうほん》のゆえである。

＊

夫《そ》れ、十方《じっぽう》は依報《えほう》なり、衆生《しゅじょう》は正報《しょうほう》なり。依報《えほう》は影《かげ》のごとし、正報《しょうほう》は体《たい》のごとし。身《み》なくば影《かげ》なし、正報《しょうほう》なくば依報《えほう》なし。また正報《しょうほう》をば依報《えほう》をもってこれをつくる。

――瑞相御書、新1550・全1140

そもそも、十方《じっぽう》世界は依報《えほう》であり、衆生《しゅじょう》は正報《しょうほう》である。例《たと》えば、依報は影《かげ》のようなものであり、正報は体《たい》のようなものである。

身がなければ影《かげ》はないのと同じく、正報《しょうほう》がなければ依報《えほう》はない。また、正報は依報によって作られる。

*

末法《まっぽう》に入《い》って法華経《ほけきょう》を持《たも》つ男女《なんにょ》のすがた《姿》より外《ほか》には宝塔《ほうとう》なきなり。もししからば、貴賤上下《きせんじょうげ》をえら《選》ばず、南無妙法蓮華経《なんみょうほうれんげきょう》ととな《唱》うるものは、我《わ》が身《み》宝塔《ほうとう》にして我《わ》が身《み》また多宝如来《たほうにょらい》なり。

――阿仏房御書（宝塔御書）、新１７３２・全１３０４

末法《まっぽう》に入って、法華経を持《たも》つ男女の姿《すがた》よりほかには宝塔《ほうとう》はない。もしそうであるならば、貴賤上下《きせんじょうげ》にかかわらず、南無妙法蓮華経と唱《とな》える人は、わが身がそのまま宝塔であり、わが身がまた多宝如来《たほうにょらい》なのである。

*

阿仏房《あぶつぼう》さながら宝塔《ほうとう》、宝塔《ほうとう》さながら阿仏房《あぶつぼう》、これより外《ほか》の才覚無益《さいかくむやく》なり。

――阿仏房御書（宝塔御書）、新１７３３・全１３０４

阿仏房《あぶつぼう》はそのまま宝塔《ほうとう》であり、宝塔はそのまま阿仏房であり、こう信解《しんげ》するよりほかの才覚《さいかく》は無益《むえき》である。

*

地獄《じごく》は地獄《じごく》のすがた《相》を見《み》せたるが実《じつ》の相《すがた》なり。餓鬼《がき》と変《へん》ぜば、地獄《じごく》の実《じつ》のすがたにはあらず。仏《ほとけ》は仏《ほとけ》のすがた、凡夫《ぼんぷ》は凡夫《ぼんぷ》のすがた、万法《ばんぽう》の当体《とうたい》のすがたが妙法蓮華経《みょうほうれんげきょう》の当体《とうたい》なりということを、諸法実相《しょほうじっそう》とは申《もう》すなり。

——諸法実相抄、新1789・全1359

地獄《じごく》は地獄の姿《すがた》を見せているのが実《じつ》の相《そう》である。餓鬼《がき》と変《か》われば地獄の実の姿ではない。仏は仏の姿のまま、凡夫《ぼんぷ》は凡夫の姿のまま、万法《ばんぽう》の当体《とうたい》の姿が妙法蓮華経の当体であるということを、諸法実相《しょほうじっそう》というのである。

*

い《命》のちと申《もう》す物《もの》は、一切《いっさい》の財《たから》の中《なか》に第一《だいいち》の財《たから》なり。「三千界《さんぜんかい》に遍満《へんまん》するも、身《しん》命《みょう》に直《あたい》するもの有《あ》ることなし」とと《説》かれて、三千大千世界《さんぜんだいせんせかい》にみ《満》てて候財《そうろうたから》も、い《命》のちにはか《替》えぬことに候《そうろう》なり。されば、い《命》のちはとも《灯》しびのごとし。食《じき》はあぶ《油》らのごとし。

――白米一俵御書、新2052・全1596

命というものは、一切《いっさい》の財《たから》の中で第一の財である。「宇宙《うちゅう》に遍《あまね》く敷《し》き満《み》つる財宝《ざいほう》といっても、身命《しんみょう》に値《あたい》するものはない」と、仏典《ぶってん》に説《と》かれているように、たとえ三《さん》千大千世界《ぜんだいせんせかい》に満ちている財であっても、命には代《か》えられない。

そうであるから、命はちょうどともしびのようなものである。食べ物は油のようなものである。

□言動・振《ふ》る舞《ま》い

千年《せんねん》のかるかや《刈萱》も一時《いちじ》にはい《灰》となる。百年《ひゃくねん》の功《こう》も一言《いちごん》にやぶれ《破》候《そうろう》は、法《ほう》のことわり《理》なり。

——兵衛志殿御返事（三障四魔の事）、新1487・全1091

千年も生い茂《しげ》った刈萱《かるかや》も（火が付《つ》けば）あっという間に灰《はい》となる。百年かけて積《つ》んだ功績《こうせき》も、わずか一言で台無《だいな》しになることは、物事の道理である。

*

一代《いちだい》の肝心《かんじん》は法華経《ほけきょう》、法華経《ほけきょう》の修行《しゅぎょう》の肝心《かんじん》は不軽品《ふきょうほん》にて候《そうろう》なり。不軽菩薩《ふきょうぼさつ》の人《ひと》を敬《うやま》いしは、いかなることぞ。教主釈尊《きょうしゅしゃくそん》の出世《しゅっせ》の本懐《ほんかい》は人《ひと》の振《ふ》る舞《ま》いにて候《そうら》いけるぞ。あなかしこ、あなかしこ。賢《かしこ》きを人《にん》と云《い》い、はかな《果無》きを畜《ちく》という。

——崇峻天皇御書（三種財宝御書）、新1597・全1174

釈尊一代《しゃくそんいちだい》の肝心《かんじん》は法華経であり、法華経の修行《しゅぎょう》の肝心は不軽品《ふきょうほん》である。不軽菩薩《ふきょうぼさつ》が人を敬《うやま》ったことには、どのような意味があるのだろうか。教主《きょうしゅ》釈尊の出世《しゅっせ》の本懐《ほんかい》は、人の振《ふ》る舞《ま》いを示《しめ》すことにあったのである。くれぐれも、よくお聞きなさい。賢《かしこ》きを人といい、愚《おろ》かを畜生《ちくしょう》というのである。

*

孔子《こうし》は九思一言《きゅうしいちげん》、周公旦《しゅうこうたん》は浴《よく》する時《とき》は三度《さんど》にぎ《握》り、食《しょく》する時《とき》は三度《さんど》は《吐》かせ給《たも》う。古《いにしえ》の賢人《けんじん》なり、今《いま》の人《ひと》のかがみなり。されば、今度《こんど》はことに身《み》をつつしませ給《たも》うべし。

——四条金吾御書、新1599・全1175

孔子《こうし》は九つの思いを重ねてから一言を口にし、周公旦《しゅうこうたん》は、客人《きゃくじん》があれば、髪《かみ》を洗《あら》っている途中《とちゅう》でも三度髪《かみ》を握《にぎ》り、食事中でも三度口の中のものを吐《は》いた（客を待たせず応対《おうたい》した）。それが、いにしえの賢人《けんじん》であり、今の人にとっての鏡《かがみ》である。それゆえ、今度は特《とく》に、自重《じちょう》して振《ふ》る舞《ま》っていきなさい。

＊

わざわい《禍》は口《くち》より出《い》でて身《み》をやぶる《破》。さいわい《幸》は心《こころ》よりいで《出》て我《われ》をかざる《飾》。

——十字御書、新2037・全1492

災《わざわ》いは、口から出て身を破《やぶ》る。幸いは、心から出て自身を飾《かざ》る。

＊

劣《おと》れる者《もの》に慈悲《じひ》あれとは、我《われ》より劣《おと》りたらん人《ひと》をば我《わ》が子《こ》のごとく思《おも》って、一《いっ》切《さい》哀《あわ》れみ、慈悲《じひ》あるべし。

――上野殿御消息（四徳四恩の事）、新1850・全1527

「自分より弱い立場の人に慈悲《じひ》深《ぶか》くあれ」とは、自分より立場や年齢《ねんれい》などが低《ひく》い人を、わが子のように思って、あらゆる人をいとおしみ、慈悲の心を起こしていくことである。

＊

人《ひと》にたまたまあわせ給《たも》うならば、むかいくさきことなりとも、向《む》かわせ給《たも》うべし。えまれぬことなりとも、えませ給《たま》え。

――河合殿御返事、新1952 ※新規収録

人にたまたまお会いになったら、向き合いづらいことであっても、向き合っていきなさい。笑顔《えがお》になれないことであっても、笑顔を向けていきなさい。

周囲の人を大切に

双六《すぐろく》は二《ふた》つある石《いし》はかけ《掛》られず、鳥《とり》は一《ひと》つの羽《はね》にてと《飛》ぶことなし。将門《まさかど》・さだ《貞》とう《任》がようなりしゆうしょう《勇将》も一人《ひとり》は叶《かな》わず。されば、舎弟等《しゃていとう》を子《こ》とも郎等《ろうどう》ともうちたの《打頼》みておわせば、もしや法華経《ほけきょう》もひろ《広》まらせ給《たま》いて、世《よ》にもあらせ給《たま》わば、一方《ひとかた》のかとうど《方人》たるべし。

——四条金吾御書、新1601・全1176

双六《すごろく》は二つ並《なら》んだ石は破《やぶ》られず、鳥は一つの羽では飛《と》ぶことができない。平将門《たいらのまさかど》や安倍貞任《あべのさだとう》のような勇将《ゆうしょう》も一人では望《のぞ》みが叶《かな》わなかった。それゆえ、（あなた〈＝四《し》条金吾《じょうきんご》〉も）弟たちをわが子とも郎等《ろうどう》（＝従者《じゅうしゃ》）とも思って頼《たよ》りにしていれば、もしや法華経も広まり、あなたも健在《けんざい》であれば、心強い味方になるであろう。

おうな《女》るい《類》どもこそ、とののはぐくみ《育》給《たま》わずば、一定不孝《いちじょうふこう》にならせ給《たま》わんずらんとおぼえ《覚》候《そうろう》。所領《しょりょう》もひろく《広》なりて候《そうら》わば、我《わ》がりょう《領》へも下《くだ》しなんどして、一《いっ》身《しん》すぐ《過》るほどはぐくま《育》せ給《たま》え。さだにも候《そうら》わば、過去《かこ》の父母《ふぼ》定《さだ》めてまぼり《守》給《たも》うべし。

——陰徳陽報御書、新1612　※新規収録

（身の回りの）女性《じょせい》たちについて、あなた（＝四条金吾《しじょうきんご》）が世話をしなければ、（あなたは）必《かなら》ず不孝《ふこう》になるだろうと思われる。所領《しょりょう》も広くなったのであれば、自分の所領に下向《げこう》させるなどして、あなたが生きている限《かぎ》り世話をしていきなさい。そのようにしたならば、亡《な》くなった両親も必ず守ってくださるだろう。

□用　心

御辺《ごへん》は腹《はら》あしき人《ひと》なれば、火《ひ》の燃《も》ゆるがごとし。一定《いちじょう》人《ひと》にすかされなん。また主《しゅ》のうらうらと言和《ことばやわ》らかにすかさせ給《たも》うならば、火《ひ》に水《みず》をかけたるように御《おん》わたりありぬと覚《おぼ》ゆ。

――四条金吾殿御返事（世雄御書）、新1590・全1169

あなた（＝四条金吾《しじょうきんご》）は短気であるから、火の燃《も》えるようなところがある。必《かなら》ず人に足をすくわれるであろう。また、主君《しゅくん》が穏《おだ》やかに言葉柔《やわら》らかく言いくるめようとするならば、火に水を掛《か》けたように、主君に説《と》き伏《ふ》せられてしまうだろうと思われる。

前々《さきざき》の用心《ようじん》といい、またけなげ《健気》といい、また法華経《ほけきょう》の信心《しんじん》つよき故《ゆえ》に、難《なん》なく存命《ぞんめい》せさせ給《たま》い、めでたし、めでたし。

――四条金吾殿御返事（法華経兵法の事）、新1622・全1192

普段《ふだん》からの用心といい、また勇気《ゆうき》といい、また法華経の信心《しんじん》が強かったゆえに、無事《ぶじ》に生き延《の》びられたのは、本当に素晴《すば》らしく、喜《よろこ》ばしいことである。

＊

師子王《ししおう》は、前三後一《ぜんさんごいち》と申《もう》して、あり《蟻》の子《こ》を取《と》らんとするにも、またたけき《猛》ものを取《と》らんとする時《とき》も、いきおい《勢》を出《い》だすことは、ただおなじき《同》ことなり。

——経王殿御返事、新1632・全1124

師子王《ししおう》は前三後一《ぜんさんごいち》（＝力をためて飛《と》びかかろうとする姿勢《しせい》）といって、蟻《あり》を捕《と》ろうとする時も、また、猛獣《もうじゅう》を捕ろうとする時も、その勢《いきお》いを出す様子は全く同じである。

□人生・生き方

愚人《ぐにん》にほめ《褒》られたるは第一《だいいち》のはじ《恥》なり。

——開目抄、新121・全237

愚人《ぐにん》にほめられることは第一の恥《はじ》である。

*

寂光《じゃっこう》の都《みやこ》ならずば、いずくも皆苦《みなく》なるべし。本覚《ほんがく》の栖《すみか》を離《はな》れて、何事《なにごと》か楽《たの》しみなるべき。

願《ねが》わくは、「現世《げんぜ》安穏《あんのん》、後生善処《ごしょうぜんしょ》」の妙法《みょうほう》を持《たも》つのみこそ、ただ今生《こんじょう》の名聞《みょうもん》、後世《ごせ》の弄引《ろういん》なるべけれ。すべからく、心《こころ》を一《いっ》にして南無妙法蓮華経《なんみょうほうれんげきょう》と我《われ》も唱《とな》え他《た》をも勧《すす》めんのみこそ、今生人界《こんじょうにんかい》の思《おも》い出《で》なるべき。

――持妙法華問答抄、新519・全467

久遠《くおん》の仏の住む永遠《えいえん》の仏国土《ぶっこくど》でないなら、どこであっても皆《みな》、苦しみの世界である。生命本来の仏の覚《さと》りの境地《きょうち》を離《はな》れて、何が楽しみとなるだろうか。

願《ねが》わくは、(法華経薬草喩品《やくそうゆほん》に)「現世《げんぜ》は安穏《あんのん》であり、来世《らいせ》には善《よ》い所に生まれる」と仰《おお》せの妙法《みょうほう》を持《たも》つこと、それのみが、今世《こんぜ》の真の名誉《めいよ》であり、来世の導《みちび》きとなるのである。

ともかく、全精魂《ぜんせいこん》を傾《かたむ》けて、南無妙法蓮華経と自身も唱《とな》え、他の人にも勧《すす》めることこそが、人間として生まれてきたこの一生の思い出となるのである。

＊

同《おな》じはじ《恥》なれども、今生《こんじょう》のはじはもの《物》のかず《数》ならず、ただ後生《ごしょう》のはじこそ大切《たいせつ》なれ。獄卒《ごくそつ》・だつえば《奪衣婆》・懸衣翁《けんねおう》が三途河《さんずのかわ》のはた《端》にていしょう《衣装》をは《剝》がん時《とき》を思《おぼ》しめして、法華経《ほけきょう》の道場《どうじょう》へまいり給《たも》うべし。法華経《ほけきょう》は後生《ごしょう》のはじ《恥》をかく《隠》す衣《ころも》なり。

——寂日房御書、新1270・全903

同じ恥《はじ》であっても、今世《こんぜ》の恥はたいしたものではないが、ただ後生《ごしょう》の恥こそ大事な問題なのである。獄卒《ごくそつ》（＝地獄《じごく》の鬼《おに》）や奪衣婆《だつえば》・懸衣翁《けんねおう》（＝ともに三途《さんず》の川のほとりにいる鬼で、奪衣婆は罪人の衣服を奪《うば》い取り、その衣《ころも》を懸衣翁は樹上《じゅじょう》にいて枝《えだ》にかけるとされる）が三途の川のほとりで衣装《いしょう》をはぎ取る時のことを考えて、法華経の道場にまいられるべきである。法華経は後生の恥を隠《かく》す衣《ころも》である。

＊

人《ひと》もまたかくのごとし。世間《せけん》の浅《あさ》きことには身命《しんみょう》を失《うしな》えども、大事《だいじ》の仏法《ぶっぽう》なんどには捨《す》つること難《かた》し。故《ゆえ》に仏《ほとけ》にな《成》る人《ひと》もなかるべし。

——佐渡御書、新1285・全956

人もまた、このようなものである。世間の浅《あさ》いことのためには身命《しんみょう》を失《うしな》うことはあっても、大事な仏法のためには身命を捨《す》てることは難《むずか》しい。ゆえに仏になる人もいないのである。

*

人身《じんしん》は受《う》けがたし、爪《つめ》の上《うえ》の土《つち》。人身《じんしん》は持《たも》ちがたし、草《くさ》の上《うえ》の露《つゆ》。百《ひゃく》二《に》十《じゅう》まで持《たも》って名《な》を腐《くた》して死《し》せんよりは、生《い》きて一日《いちにち》なりとも名《な》を上《あ》げんことこそ大《たい》切《せつ》なれ。

――崇峻天皇御書（三種財宝御書）、新１５９６・全１１７３

人間に生まれることは難《むずか》しく、爪《つめ》の上の土のようにまれである。その身を全《まっと》うするのは難しく、草の上の露《つゆ》のようにはかない。百二十歳《さい》まで長生きして悪い評判《ひょうばん》を残《のこ》して終わるよりは、生きて一日でも名をあげることこそ大切である。

*

ほめられぬれば我《わ》が身《み》の損《そん》ずるをも顧《かえり》みず、誹《そし》られぬる時《とき》はまた我《わ》が身《み》のやぶ破《やぶ》るるをもしらず知《し》振《ふ》舞《ま》うことは、凡夫《ぼんぷ》の事《こと》業《わざ》なり。

――諸法実相抄、新１７９１・全１３６０

ほめられればわが身を犠牲《ぎせい》にすることも顧《かえり》みず、また非難《ひなん》されたときには、わが身の破滅《はめつ》することも気付《きづ》かずに振《ふ》る舞《ま》うのが、凡夫《ぼんぷ》の常《つね》である。

＊

> かかる悪所《あくしょ》にゆけば、王位《おうい》・将軍《しょうぐん》も物《もの》ならず。獄卒《ごくそつ》の呵責《かしゃく》にあえ《値》る姿《すがた》は、猿《さる》をまわす《回》に異《こと》ならず。この時《とき》は、いかでか名聞名利《みょうもんみょうり》・我慢偏執《がまんへんしゅう》有《あ》るべきや。
>
> ――新池御書、新2063・全1439

このような（死後の）苦悩《くのう》の世界に行ったならば、王の位《くらい》も、将軍《しょうぐん》の位も問題にならない。獄卒《ごくそつ》（＝地獄《じごく》の鬼《おに》）の責《せ》めにあう姿《すがた》は猿回《さるまわ》しの猿と同じである。こうなった時は、どうして名聞名利《みょうもんみょうり》や我慢偏執《がまんへんしゅう》（＝慢心《まんしん》や偏《かたよ》った執着）をもっていられようか。

されば、昔《むかし》は一切《いっさい》の男《おとこ》は父《ちち》なり、女《おんな》は母《はは》なり。しかるあいだ、生々世々《しょうじょうせぜ》に皆恩《みなおん》ある衆生《しゅじょう》なれば、皆仏《みなほとけ》になれ《成》と思《おも》うべきなり。

――上野殿御消息（四徳四恩の事）、新1851・全1527

そもそも過去世《かこせ》の昔をたどれば、一切《いっさい》の男は自分の父であり、女は母である。それゆえ、生々世々《しょうじょうせぜ》に、皆《みな》、恩《おん》ある人々なので、皆が仏になってほしいと願《ねが》うべきである。

＊

人《ひと》のためによる《夜》火《ひ》をとも《点》せば、人《ひと》のあか《明》るきのみならず、我《わ》が身《み》もあか《明》し。されば、人《ひと》のいろ《色》をませ《増》ば我《わ》がいろ《色》まし《増》、人《ひと》の力《ちから》をませ《増》ば我《わ》がちから《力》まさり《勝》、人《ひと》のいのち《命》をのぶれ《延》ば我《わ》がいのち《命》ののぶ《延》なり。

——衣食御書、新2150　※新規収録

人のために夜、火をともせば、（照《て》らされて）人が明るいだけではなく、自分自身も明るくなる。それゆえ、人の色つやを増《ま》せば自分の色つやも増し、人の力を増せば自分の力も勝《まさ》り、人の寿命《じゅみょう》を延《の》ばせば自分の寿命も延びるのである。

*

自他不二《じたふに》の礼拝《らいはい》なり。その故《ゆえ》は、不軽菩薩《ふきょうぼさつ》の四衆《ししゅ》を礼拝《らいはい》すれば、上慢《じょうまん》の四衆《ししゅ》の具《そな》うるところの仏性《ぶっしょう》もまた不軽菩薩《ふきょうぼさつ》を礼拝《らいはい》するなり。鏡《かがみ》に向《む》かって礼拝《らいはい》をなす時《とき》、浮《う》かべる影《かげ》また我《われ》を礼拝《らいはい》するなり云々《うんぬん》。

——御義口伝、新1071・全769

（不軽菩薩《ふきょうぼさつ》の礼拝《らいはい》は）自他不二《じたふに》の礼拝である。なぜかといえば、不軽菩薩が四衆《ししゅ》を礼拝すれば、増上慢《ぞうじょうまん》の四衆の仏性《ぶっしょう》もまた同時に、不軽菩薩を礼拝するのである。これは、ちょうど、鏡《かがみ》に向かって礼拝する時、そこに映《うつ》っている自分の影《かげ》もまた自分を礼拝するのと同じ原理である。

□親子・孝養《こうよう》

外典三千余巻《げてんさんぜんよかん》の所詮《しょせん》に二《ふた》つあり。いわゆる、孝《こう》と忠《ちゅう》となり。忠《ちゅう》もまた孝《こう》の家《いえ》よりいで《出》たり。孝《こう》と申《もう》すは高《こう》なり。天高《てんたか》けれども、孝《こう》よりも高《たか》からず。また孝《こう》とは厚《こう》なり。地《ち》あつ《厚》けれども、孝《こう》よりは厚《あつ》からず。

——開目抄、新58・全191

中国の諸思想《しょしそう》の聖典《せいてん》は三千巻を超《こ》えるが、結局《けっきょく》は二つのことを述《の》べているのである。すなわち、孝《こう》と忠《ちゅう》である。さらに言えば、忠も孝から派生《はせい》したものである。孝とは「高」である。天は高いけれども孝よりも高いことはない。また孝とは「厚《こう》」である。大地は厚《あつ》いけれども孝よりも厚いことはない。

子《こ》は財《たから》と申《もう》す経文《きょうもん》もはんべり。所以《ゆえん》は経文《きょうもん》に云《い》わく「その男《むすこ》、福《ふく》を追修《ついしゅ》するをもって、大光明《だいこうみょう》有《あ》って地獄《じごく》を照《て》らし、その父母《ふぼ》をして信心《しんじん》を発《おこ》さしむ」等云々《とううんぬん》。

——千日尼御返事、新1751・全1321

子は財《たから》であるという経文《きょうもん》もある。経文には「その男が追善《ついぜん》することによって、大光明が地獄《じごく》を照《て》らし、その父母に信心《しんじん》を起こさせる」とある。

＊

一《いち》に父母《ふぼ》の恩《おん》を報《ほう》ぜよとは、父母《ふぼ》の赤白《しゃくびゃく》二滴《にたい》、和合《わごう》して我《わ》が身《み》となる。母《はは》の胎《たい》内《ない》に宿《やど》ること二百七十日《にひゃくななじゅうにち》、九月《ここのつき》の間《あいだ》、三十七度《さんじゅうななど》、死《し》ぬるほどの苦《くる》しみあり。生《う》み落《お》とす時《とき》、たえ《堪》がたしと思《おも》い念《ねん》ずる息《いき》、頂《いただき》より出《い》ずる煙《けむり》、梵天《ぼんてん》に至《いた》る。さて生《う》み落《お》とされて乳《ちち》をのむ《飲》こと一百八十余石《いっぴゃくはちじゅうよこく》、三年《さんねん》が間《あいだ》は父母《ふぼ》の膝《ひざ》に遊《あそ》び、人《ひと》となりて仏教《ぶっきょう》を信《しん》ずれば、まずこの父《ちち》と母《はは》との恩《おん》を報《ほう》ずべし。父《ちち》の恩《おん》の高《たか》きこと、須弥《しゅみ》山《せん》なおひき《低》し。母《はは》の恩《おん》の深《ふか》きこと、大海還《たいかいかえ》って浅《あさ》し。相構《あいかま》えて父母《ふぼ》の恩《おん》を報《ほう》ずべし。

――上野殿御消息（四徳四恩の事）、新1851・全1527

一に「父母の恩《おん》に報《むく》いよ」とは、父母の赤白二渧《しゃくびゃくにたい》（＝卵子と精子）が和合《わごう》してわが身となる。母の胎内《たいない》に宿《やど》ること二百七十日、（母は）九カ月の間、三十七回、死ぬほどの苦しみがある。産《う》み落とす時、苦痛《くつう》にとても堪《た》えられないと思う荒《あら》い息や頭から出る湯気《ゆげ》は梵天《ぼんてん》にまで届《とど》くほどである。産み落とされて飲む乳《ちち》は百八十余石《よこく》、三年の間は父母の膝下《しっか》に遊び、おとなになって仏教を信《しん》ずるようになれば、まずこの父と母との恩を報《ほう》ずべきである。父の恩の高いことは、須弥山《しゅみせん》さえもなお低《ひく》いほどである。母の恩の深いことは、大海もかえって浅《あさ》いほどである。心して父母の恩に報《むく》いていきなさい。

子《こ》は財《たから》と申《もう》す経文《きょうもん》あり。妙荘厳王《みょうしょうごんのう》は、一期《いちご》の後《のち》、無間大城《むけんだいじょう》と申《もう》す地獄《じごく》へ堕《お》ちさせ給《たも》うべかりしが、浄蔵《じょうぞう》と申《もう》せし太子《たいし》にすく《救》われて、大地獄《だいじごく》の苦《く》をまぬか《免》れさせ給《たも》うのみならず、娑羅樹王仏《しゃらじゅおうぶつ》と申《もう》す仏《ほとけ》となら《成》せ給《たも》う。青提女《しょうだいにょ》と申《もう》せし女人《にょにん》は、慳《けん》貪《どん》のとが《咎》によって餓鬼道《がきどう》に堕《お》ちて候《そうら》いしが、目連《もくれん》と申《もう》す子《こ》にたすけ《助》られて、餓鬼《がき》道《どう》を出《い》で候《そうら》いぬ。されば、子《こ》を財《たから》と申《もう》す経文《きょうもん》たが《違》うことなし。

――上野尼御前御返事（霊山再会の事）、新1920・全1576

子は財《たから》であるという経文《きょうもん》がある。（法華経に説《と》かれる）妙荘厳王《みょうしょうごんのう》は、一生を終えたのち、無間大城《むけんだいじょう》という地獄《じごく》へ堕《お》ちるはずであったが、（妙荘厳王の子どもで）浄蔵《じょうぞう》という太子に救《すく》われて、大地獄の苦《く》を免《まぬか》れただけでなく、娑羅樹王仏《しゃらじゅおうぶつ》という仏になったのである。

青提女《しょうだいにょ》という女人《にょにん》は、慳貪《けんどん》（＝貪欲で、ものを独《ひと》り占《じ》めして人に与《あた》えないこと）の罪《つみ》によって餓鬼道《がきどう》（＝飢《う》えと渇《かわ》きに苦しむ世界）に堕《お》ちていたが、（釈尊《しゃくそん》の十大弟子《じゅうだいでし》の一人である）目連《もくれん》という子に助けられて餓鬼道を出ることができた。それゆえ、子は財《たから》であるという経文《きょうもん》は間違《まちが》いないのである。

□女性《じょせい》と信仰《しんこう》

この法華経《ほけきょう》ばかりに、この経《きょう》を持《たも》つ女人《にょにん》は一切《いっさい》の女人《にょにん》にすぎ《過》たるのみならず、一切《いっさい》の男子《なんし》にこえ《超》たりとみえて候《そうろう》。

――四条金吾殿女房御返事、新1542・全1134

この法華経にのみ、この経《きょう》を受持《じゅじ》する女性《じょせい》は、一切《いっさい》の女性よりすぐれているだけでなく、一切の男性《だんせい》を超《こ》えている、と説《と》かれている。

*

いかなる男《おとこ》をせさせ給《たも》うとも、法華経《ほけきょう》のかたき《敵》ならば、随《したが》い給《たも》うべからず。いよいよ強盛《ごうじょう》の御志《おんこころざし》あるべし。

——乙御前御消息、新1690・全1221

どのような男性《だんせい》を夫《おっと》にしたとしても、その人が法華経の敵なら随《したが》ってはならない。ますます信心《しんじん》を強盛《ごうじょう》にしていきなさい。

＊

我《われ》らは仏《ほとけ》に疑《うたが》いなしとおぼ《思》せば、なにのなげ《歎》きかあるべき。きさき《后》になりてもなに《何》かせん。天《てん》に生《う》まれてもよう《由》しなし。竜女《りゅうにょ》があと《跡》をつ《継》ぎ、摩訶波舎波提《まかはじゃはだい》比丘尼《びくに》のれち《列》につら《連》なるべし。あらうれ《嬉》し、あらうれし。

――富木尼御前御返事、新１３１７・全９７６

私たちは、仏になることは絶対《ぜったい》に疑《うたが》いないと思えば、何の嘆《なげ》きがあるだろうか。皇妃《こうひ》になっても何になるであろうか。また天上界に生まれても、どうということはない。（私たちは）竜女《りゅうにょ》のあとを継《つ》ぎ、摩訶波闍波提比丘尼《まかはじゃはだいびくに》の列に並《なら》ぶことができるのである。なんと嬉《うれ》しいことであろうか、なんと嬉しいことであろうか。

□後《こう》継《けい》

> なかんずく夫婦《ふうふ》共《とも》に法華《ほっけ》の持者《じしゃ》なり。法華経流布《ほけきょうるふ》あるべきたね《種》をつぐ《継》ところの玉《たま》の子出《こい》で生《う》まれん。めでたく覚《おぼ》え候《そうろう》ぞ。
>
> ——四条金吾女房御書、新1510・全1109

＊

とりわけ、あなた方夫婦《がたふうふ》は、ともに法華経を持《たも》つ人である。法華経が流布《るふ》していく種《たね》を継《つ》ぐ、玉のような子どもが生まれるであろう。まことにめでたいことである。

おと《乙》ごぜん《御前》が、いかにひと《人》となりて候《そうろう》らん。法華経《ほけきょう》にみやづか《宮仕》わせ給《たも》うほう《奉》こう《公》をば、おと《乙》ごぜん《御前》の御《おん》いのち《命》、さいわい《幸》になり候《そうら》わん。

——乙御前母御書、新1685・全1223

（あなたの娘《むすめ》の）乙御前《おとごぜん》は、どれほど立派《りっぱ》に成長《せいちょう》したことだろうか。（母であるあなたが）法華経に尽《つ》くしてこられた福徳《ふくとく》で、乙御前の生涯《しょうがい》は幸福になることだろう。

＊

伝持《でんじ》の人《ひと》無《な》ければ、なお木石《ぼくせき》の衣鉢《えはつ》を帯持《たいじ》せるがごとし。

——顕仏未来記、新610・全508

（経典《きょうてん》があっても）仏法を持《たも》ち、伝《つた》えていく人がいないので、それはちょうど木像《もくぞう》や石像《せきぞう》が法衣《ほうい》を着て、（托鉢《たくはつ》で用《もち》いる）鉢《はち》を持っているようなもので、何の役にも立っていない。

＊

殿《との》の御事《おんこと》をば、隙《ひま》なく法華経《ほけきょう》・釈迦仏《しゃかぶつ》・日天《にってん》に申《もう》すなり。その故《ゆえ》は、法華経《ほけきょう》の命《いのち》を継《つ》ぐ人《ひと》なればと思《おも》うなり。

——四条金吾殿御返事（世雄御書）、新１５９０・全１１６９

あなた（＝四条金吾《しじょうきんご》）のことは、いつも法華経・釈迦仏《しゃかぶつ》・日天《にってん》に祈《いの》っている。なぜなら、あなたが法華経の命を継《つ》ぐ人だと思うからである。

御書索引

― か ―

― き ―

― け ―

― こ ―

― さ ―

― し ―

― す ―

― せ ―

― そ ―

― た ―

― て ―

── ま ──

── み ──

── む ──

── も ──

── や ──

── り ──

日蓮大聖人御書 要文選集 新版

二〇二三年九月十二日　発行

編　者　創価学会教学部
発行者　小島和哉
発行所　聖教新聞社
〒一六〇-八〇七〇　東京都新宿区信濃町七
電話　〇三-三三五三-六一一一（代表）

印刷所　株式会社精興社
製本所　牧製本印刷株式会社

*

定価はカバーに表示してあります
落丁・乱丁本はお取り替えいたします

ISBN978-4-412-01696-5